米斯特拉尔传

穆德爽◎著

时代文艺出版社

图书在版编目（CIP）数据

米斯特拉尔传 / 穆德爽著 . —2版 . —长春：时代文艺出版社，2016.4（2023.7重印）

ISBN 978-7-5387-5113-0

Ⅰ . ①米… Ⅱ . ①穆… Ⅲ . ①米斯特拉尔，G . （1889～1957）－传记 Ⅳ . ①K837.845.6

中国版本图书馆CIP数据核字（2016）第001697号

出 品 人　陈　琛
责任编辑　闫松莹
助理编辑　孙英起
装帧设计　孙　利
排版制作　隋淑凤

米斯特拉尔传

穆德爽 著

出版发行 / 时代文艺出版社
地址 / 长春市福祉大路5788号　龙腾国际大厦A座15层　邮编 / 130118
总编办 / 0431-81629751　发行部 / 0431-81629755
官方微博 / weibo.com / tlapress　天猫旗舰店 / sdwycbsgf.tmall.com
印刷 / 北京市一鑫印务有限公司
开本 / 710mm×1000mm　1 / 16　字数 / 150千字　印张 / 12
版次 / 2016年4月第2版　印次 / 2023年7月第3次印刷　定价 / 36.00元

授奖辞

Award-winning Remarks

诗的力量创造了一个想象的世界，并在这个想象的世界
中将生命和神话凝聚在一起，刻画了当代人的困惑和不安。

——诺贝尔奖委员会

目录 Contents

　　加夫列拉·米斯特拉尔（Gabriela Mistral），智利女诗人，1945年诺贝尔文学奖获得者，也是拉丁美洲第一位获此殊荣的诗人。

　　"因为她那富于强烈感情的抒情诗歌，使她的名字成为整个拉丁美洲世界渴求理想的象征。"后来，这如花神般的女诗人又跻身政坛，曾担任过智利驻西班牙、葡萄牙、法国、巴西、美国、意大利等国家和地区的领事，她还参与了联合国教科文组织的筹建工作。然而，她的一生并不是几句简介这般的浪漫丰硕。

　　她曾经历了三次痛彻心扉又以失败而告终的爱情，她的诗中，每触及爱情的伤口都显得痛不欲生，相信很多人都在暗夜的寂寞中，聆听过诗人像发毒誓一样的宣言，仿佛此生真的会与爱情决绝。然而，当爱情的美好幻觉再次出现时，那旧日里的铮铮誓言则开始沦陷。终于，她以爱情诗登上了文坛王后的宝座，但她却始终没有收获爱情，终身孤独。

她有一双深潭般的绿色眼睛，还有圣女般安静而高贵的气质，然而，她却在爱情中让自己变得卑微，这又是曾经怎样的经历使然？

她童年的爱并不完整，而"爱"却主宰了她一生；在她的诗中，总能看到那种无疆而深刻的爱——对母亲、对孩子、对亲人、对祖国和大自然的爱；她没有孩子，却深情地低吟着美丽的童谣。她的诗歌和生命一样都闪耀着母爱的光辉。

她卑微地降临到人间，一生都素面朝天，而她死后，却用美丽的妆容让整个民族都在为她哭泣。

她爱憎分明、刚正不阿，在人类遭受空前劫难的二战期间，她以坚定的反法西斯立场站到了人民的一边，并以实际行动支持西班牙孤儿；她为印第安人、犹太人以及政治上受压迫的人争取权益；她支持和平，反对暴力战争；她积极地帮助并组织土著人民，推动美洲的土地改革。

她说她是安第斯山的女儿，她深爱母亲一样的大山，但她却用一生去逃遁，只想死后能埋葬在那儿时的故乡。这是怎样的一种情感！以至于她的一生都在"自我逐放"式的漂泊。

带着对这位传奇女诗人的景仰与好奇，笔者查阅了大量的资料与文献，旨在呈现读者面前一个真实的远在智利的传奇女人。如同讲述一个平凡的故事，看一看出现在她生命中的每一道风景，体验一次她不朽的诗篇中那些"爱，死亡与永恒"。

第一章　噩梦般的童年

1. 艰难地诞生

1889年4月6日，在智利安第山脉的艾尔基山谷中，一对夫妇正在急匆匆地赶路，他们已经在山路上颠簸一整天了。天呐，那个骑在驴背上瘦小的女人居然还是个大腹便便的孕妇。她那痛苦的样子，好像是即将临盆了。一个羸弱的孕妇怎么禁得住这样的颠簸，即便是正常人，这样辛苦的行程也会让五脏六腑颠覆。

那个看起来比孕妇年青很多的男人好像没有女人那么紧张，一边走，一边漫不经心地浏览着身旁秋日的风景。

这个名叫佩德罗尼拉·阿尔卡亚迦的孕妇在心里默默地向上帝祈祷，希望仁慈的天主可以让她早些到达那个叫库维尼亚的镇子，可千万别把孩子生在这荒无人烟的山谷中。天色渐渐转暗，佩德罗尼拉万分焦虑，可又有什么办法呢。眼前那个叫胡安·赫罗尼莫·戈多伊·维尼亚努埃瓦的比自己小十多岁的丈夫根本指望不上，他只是个会唱歌、会写诗、会弹琴的乡村教师，他喜欢各种娱乐活动，生孩子这种事，他是一点忙也帮不上啊。

与此同时，在几十公里以外拉塞雷纳的一个叫拉乌尼翁的小村庄，一个高大健壮的老妇人也在虔诚地向上帝祈祷，她倒希望儿子胡安·赫罗尼莫和儿媳妇佩德罗尼拉能把自己的孙子生在去库维尼亚的路上，就像圣母玛丽亚把耶稣生在伯利恒的一个普通农舍的马厩中一样，她希望自己的孙子将来能和耶稣一样，经历苦难后成为一个了不起的人。

也许是婆媳虔诚的祷告感动了上苍，夫妻两人终于在精神与体力都消耗到极限时，到达了那个叫维库尼亚的镇子，此时，这个镇子已经笼罩在忽隐忽现的暗夜中了，那比星星还弱的灯光在夫妻二人看来，是如此的光明。

佩德罗尼拉经过了一整天的颠簸劳顿，早已经筋疲力尽了，腹部时而剧烈的疼痛让她不停地呻吟着。他们来不及去母亲留给佩德罗尼亚的小屋，就像当年圣母玛丽亚与圣约瑟一样去敲门投宿，好心的安第斯山脚下的人像当年伯利恒人一样，给这对落难的夫妻敞开了大门，并热情地帮他们请来了接生婆。

生产并不顺利，因为佩德罗尼亚所有的力气都消耗殆尽了，她几乎连疼痛的叫喊声都是微弱的，哪有力气生孩子。如果不是这样的颠簸，这个孩子要晚几天才会降临。可现在，这个可怜的女人，唯有用力，再用力。接生婆累得满头大汗，就是听不到那声响亮的啼哭。

喘着粗气又毫无血色的佩德罗尼亚甚至出现了幻觉，她好像看见了已逝的母亲，还看见了一个天使向远方飞去，怎么不见上帝？婆婆不是说，这样大一点的城镇会离上帝的手近一些吗？早知这样的艰难，还不如就在拉乌尼翁那个小村子生产。上帝啊，真的要把天使带走吗？绝望中的佩德罗尼亚在恍惚间看到了丈夫手足无措的茫然神情，于是，她又很欣慰——因为即便死了，也终于有一个男人肯为她担忧了。

时间一分一秒地滑过，星星由暗变明再变暗，终于，当天空最后一颗星星悄悄隐退的时候，一个小女孩儿带着微弱的哭声降临到了这个世界。

这个小生命是那么瘦小虚弱，皱巴巴的小脸紫里发青，接生婆剪完脐带后，告诉孩子的父亲胡安·赫罗尼莫：

"小伙子，这孩子不会活得太久，最好快抱她到教堂去接受洗礼，这可怜的天使快去上帝那里了。天呐，快去吧；上帝的手臂已经张开了。"

佩德罗尼亚像具尸体一样面色苍白地躺在那儿一动不动，只是，当她听完接生婆的话时，嘴微微抽动一下，接着，眼角流下了两行清泪，她黯淡的目光盯着上方——她把天使交给了上帝。

于是，这个疲惫不堪的父亲在孩子出生几个小时后就将她抱到了教堂，请神甫为她洗礼，并为她起了一个长长的名字：卢西拉·德拉·玛丽亚·德尔·佩尔佩多奥·索科洛·戈多伊·阿尔卡亚迦（Lucila de la Maria del perpetuo Socorro Godoy Alcayaga）。意思是"永远普济玛丽亚的卢西拉·戈多伊·阿尔亚迦。"

也许上帝不忍这个小女孩儿还没有见到阳光就匆匆而去，不忍那个可怜的母亲再承受痛苦，这个弱小的生命呼吸慢慢地均匀起来，当阳光升起的时候，小女孩那皱巴巴的小脸上已经有了红晕，这个已经被接生婆判了死刑的小女孩坚强地活了下来，并在若干年后成了智利诗坛上一颗耀眼的明星。

这个在1889年4月7日黎明时分艰难地诞生的小女孩儿，就是加夫列拉·米斯特拉尔。只是从出生一直到23岁，她一直叫着父亲为她起的那个长长的名字：卢西拉·德拉·玛丽亚·德尔·佩尔佩多奥·索科洛·戈多伊·阿尔卡亚迦。戈多伊是父姓，阿尔卡亚迦是母姓。父亲想用这个长长的名字来颂扬上天，同时也为自己的女儿求得上帝的庇护。小卢西拉的父母都是西班牙北部巴斯克人的后裔。这样长长的名字也是巴斯克人的传统之一。直到1912年，被人们所熟知的加夫列拉·米斯特拉尔的名字才正式作为女诗人的笔名。

现代智利人是由西班牙人后裔同马普切等印第安人长期结合而成，文化艺术受西班牙人影响，具有较多的欧洲传统，居民的生活习俗也不同程度地受到马普切印第安人和西班牙人的影响，他们早已习惯了从姓名中判断一个人的出生和成长经历，因为他们的名字很特别，大多隐含着从祖辈、父辈到所属族群等诸多的"社会密码"。所以，几乎每个人都会有一个长长的名字。智利人通用西班牙语（农村也有讲马普切语即阿劳坎语的），所以，和大多数西班牙语国家一样，姓名分成四个部分，即两个名字、两个姓氏。

智利人的名字可选范围寥寥无几，虽说父母取名的时候都选上两个好听的名字任意组合，但来来回回也无非是"胡安"、"何塞"、"玛利亚"等。如果在大街吼上一嗓子"胡安"，半条街的人都得回头答应。

智利居民基本都信奉天主教，所以，受天主教的影响，女孩的名字中多含"玛丽亚"，如同加夫列拉·米斯特拉尔的洗礼名一样。

值得一提的是，在1889年4月，还诞生了两位赫赫有名的人物，一个是给世界带来灾难的阿道夫·希特勒（1889年4月20日），还有一个是以他独特的灰色幽默给世界带来欢笑的查尔·卓别林（1889年4月16日）。诚然，除了父母给予孩子的天赋以外，每个人的成长环境各不相同，所以，日后所从事的事业及所选择的人生也各不相同。但无论是影响了世界还是默默无闻的人，童年——都在每个人的心中刻下了深深的烙印，米斯特拉尔的童年亦如此，不但刻上了烙印，还留下了伤疤……

2. 山中童年

关于诗人加夫列拉·米斯特拉尔的祖国——智利，曾有一个这样可爱的传说：

当上帝完成创造世界之后，还剩下一些东西，有湖泊、河流、高山、森林、冰川和沙漠，还有一片蓝天和一片海洋。为了不浪费这些东西，上帝就将它们留在地球的一个角落里。这就是智利。因此，在印第安人使用的马普切语中，"智利"的意思就是"天尽头"。

它位于南美洲西南部，安第斯山脉西麓，是世界上地形最狭长的国家，如一条长长的彩带飘扬在南美大陆的西端。

首都圣地亚哥坐落在智利的中部，东依安第斯山，西距智利最大的港口瓦尔帕来索港只有大约100公里，曾有人笑谈智利的狭长说：如果一个人躺下，头枕安第斯山，脚就伸到太平洋里去了。

圣地亚哥的气候很适合人居住，夏季干燥温和，冬季凉爽多雨雾，浪漫的马波乔河从城边缓缓流过，像一张温床，而终年积雪的安第斯山仿佛一顶闪闪发光的银冠，这样美妙的天然山水给圣地亚哥增添了动人的风韵。

发生在一百多年前的故事就从这美丽的山水间开始了……

在距离圣地亚哥北大约二百公里的艾尔基山谷的拉塞雷纳镇有一个贫困的小村庄名叫拉乌尼翁，这里生活着一个叫堂娜·伊撒贝尔的心灵手巧的健壮女人——她就是胡安·赫罗尼莫的母亲、加夫列拉·米斯特拉尔的祖母，她是一个虔诚的天主教徒，她用以谋生的手段是给教堂的神甫们缝制各种礼服，她还会刺绣，设计花样，神甫们所佩戴的刺绣十字褡、各种法衣的花边，都出自她粗大的手。

她是村里唯一一个拥有《圣经》的人，她把《圣经》背得熟烂于心，就连镇上的神甫都对她肃然起敬。在她的影响下，他的儿子胡安·赫罗尼莫进了神学院，两个女儿则离开家当了修女。

可胡安·赫罗尼莫是一个性格浪漫、无拘无束的人，所以，在神学院获得了初级宗教职称后，就决心返回尘世，去享受世俗的欢乐。

胡安·赫罗尼莫爱唱歌，会弹奏吉他和小提琴；还会写诗和动情的朗诵，他具有诗人般浪漫多情的性格。1885年，她看上了教堂合唱队里一个叫佩德罗尼拉比自己大十多岁的漂亮女人，并向佩德罗尼拉求婚。这可吓坏了佩德罗尼拉，她告诉赫罗尼莫：自己是一个带着一个11岁私生女的单身母亲。但这个放浪形骸的小伙子表现出一副满不在乎的样子，这让佩德罗尼拉很感动，于是不久，他们在众人诧异的眼神中结婚了。

可是，这个当拉丁文教师的胡安·赫罗尼莫贪玩又缺乏耐性，总是一次次地失业，当佩德罗尼拉怀孕的时候，他已经穷困潦倒，非常窘迫。

快要生产的时候，佩德罗尼拉与婆婆很担心会出现什么意外，因为村子太小，没有医生也没有好的接生婆，好心的女邻居们劝他们夫妻俩到大一点的城镇去分娩，他们认为这样的地方会离上帝的手近一些，上帝会及时帮到这对苦难的夫妻。佩德罗尼拉想到母亲在维库尼亚镇给她留下了一处房子，那个城镇相对大一些，于是，他们一家就决定到那里去生产，然而，他们差一点就把女儿生在那个荒凉的山谷中。

虽然那个叫卢西拉的小女孩只在出生的小屋住了10天就回到了拉塞雷纳艾尔基山谷中那个叫拉乌尼翁的小村庄，但至今，在智利拉塞雷纳库维尼亚镇迈普大街的759号，还挂着"加夫列拉·米斯特拉尔博物馆"这样一块牌子，只是，女诗人出生的小屋却早已经倒塌了。

正如当下，很多淳朴的东西都被做成商业广告一样，那个叫拉乌尼翁的小村子，也在女诗人出生后不久改了名字，叫"皮斯科"村。这是秘鲁酒商的要求，因为这个村子所产的"皮斯科"烈酒在秘鲁大受欢迎，酒商们为了迎合购买者这种原汁原味的心态，就要求酒的酿造者把自己的驻地的名称也统一成酒的商标。这当然无可厚非。我们的女诗人不是也把自己的两个敬仰者的名字合二为一，改成自己的名字了吗?

于是,在被诗人称之为"芬芳的土地"的艾尔基山谷的皮斯科村中,加夫列拉·米斯特拉尔度过了她父母双全的小小童年。

高大健壮的祖母给米斯特拉尔的童年留下了深刻温暖的印象。现在保留的米斯特拉尔最早的照片中,有一张是与祖母合拍的,看得出来,她那绿色的美丽的眼睛,是从祖母那里遗传下来的。她不但遗传了祖母的体型与外貌,就连那坚强的性格与充沛的精力都得到了继承。

她欣赏祖母敢怒敢言的直爽性格,也把祖母的勤劳善良一并刻在了心里。

当祖母用她那粗大的手给教堂的神甫们做法衣时,是那样的聚精会神,好像把对上帝的热爱与崇敬都汇集到灵巧的指尖上。拉塞雷纳镇有14个大小教堂,他们穿的法衣差不多都是这个勤劳女人的杰作。

卢西拉最爱听祖母念《圣经》给她听。祖母告诉她,这是书中之书,是一本至高无上的书。她认真地感受着书中的每一个人物,比如大卫、玛丽亚、约伯等等,感觉她们就像她的家人一样,是自己至亲至爱的人。《圣经》里还有很多各式各样的故事,有的故事中,充满着对情和欲的描写,这深深地打动了小姑娘的心。她尤其喜欢《圣经》中大卫王唱的赞美诗,这是她最早受到的诗歌熏陶。

卢西拉的母亲,那个小巧美丽的佩德罗尼拉,是个品德高尚、和善温柔、具有西班牙人优雅气质的女人,她和丈夫一样,都是西班牙北部巴斯克人的后裔。卢西拉这样形容母亲的形象:

> 我的母亲个子小小的
> 小得像薄荷,小得像青草
> 小得只投在地上一点阴影

这个小巧的母亲从无怨言，她凭着自己的辛勤劳作任劳任怨地养育着两个女儿，但她更爱这个"失而复得"的小女儿。她没读过多少书，但却很爱边喝马黛茶边给女儿讲故事，她讲起故事来总是会把故事拉长，她的故事很独特，都是自己过去曾遇到或身边刚刚发生的事情，经她不紧不慢的诉说，倒独具细腻的乡村风格，也带有田园诗气息，娓娓动听。母亲还会讲一些滑稽可笑的幽灵，还有一些粗俗但却可爱的人，卢西拉很爱母亲，虽然这个母亲在男人心中一点位置也没有，但她却是女儿的根。

若干年后，米斯特拉尔的诗歌与散文中，总能看到她对母亲无尽的爱与思念——

"母亲，在你的腹腔深处，我的眼睛、嘴和双手无声无息地生长。你用自己那丰富的血液滋润我，像溪流浇灌风信子那藏在地下的根。我的感观都是你的，并且凭借着这种从你们肌体上借来的东西在世界上流浪。大地所有的光辉——照射在我身上和交织在我心中的——都会把你赞颂。"

当诗人回忆母亲时，她说内心中有一种痛苦，一种深深的忧郁，不完全为自己，也为了孤苦伶仃的母亲。这个平凡娇小的女人，任由命运的安排，不抗争，不愤怒，安静地爱着她的女儿，诗人曾这样回忆：

"母亲，你多么习惯摇晃我呀！当我在那数不清的道路上奔走时，你留在那儿，留在家的门廊里，似乎为感觉不到我的重量而忧伤。在《首席乐师》流传的近百首歌曲中，没有一种旋律会比你的摇椅的旋律更柔和的呀！母亲，我心中那些愉快的事情总是与你的手臂和双膝联在一起。

而你一边摆晃着一边唱歌，那些歌词不过是一些俏皮话，一种为了表示你的溺爱的语言。

在这些歌谣里，你为我唱到大地上的那些事物的名称：山，果实，村庄，田野上的动物。仿佛是为了让你的女儿在世界上生存，仿佛是向我列数家庭里的那些东西，多么奇特的家庭呀！在这个家庭里，他们已经接纳了我。"

哦，这是一种怎样的感念，我们看不到文学作品的华丽，但却清新自然，带着一份美好，一份孤独，还有一份深深的感激。在诗人后期的作品中，彰显出的那种母爱的光辉也许就来自于这个安静而娇小的母亲吧。

与母亲的性格相反，卢西拉的父亲常常飘忽不定，卢西拉也很少见到父亲，她对父亲的记忆只是凭父亲留下来的那些诗，她把父亲看成是自己的第一个文学导师，她这样说："当我还小的时候，父亲走了，我翻着报纸，寻找把我引到这个神秘角落来的人的足迹。我发现他写的一些诗，很美，给我幼小的心灵以很大的震动，我父亲的那些诗，激起了我对诗歌的热情。"

卢西拉生活的山村是贫困的，男人们为了维持生计而到处奔忙，他们常常离家外出，不知过了多久才能回来，每次回来，他们会带一些布匹、粮食、干果等物品。女人们习惯了这种生活，甚至不问一问他们的去向和归期，她们默默地忍耐、等待，支撑着贫寒的家。而卢西拉的父亲与那些男人却有不同，虽然偶尔也会带些物品回家，但生性浪漫，我行我素，所以，长期不归也是平常事。

小卢西拉模糊地记得三岁的某一天，父亲带着一堆水果放在桌子上，又交给母亲一些麻布和法兰绒，然后，竟然没有马上出去，而是在破茅屋旁筑起一个小小的花园，并亲手种上了杏树和葡萄，还种了各种花。

这是母亲最感动的事情，但只有三岁的小卢西拉对此举印象并不深刻，因为父亲从此就离开了家。长大一些，当她在那个小花园的树下看书或听鸟叫时，才会偶尔想起建花园的父亲。

后来，她在回忆母亲的诗中，曾这样描述过父亲："父亲陷入了生命那冒险的狂热，我们对他白天所做的事情一无所知。我们只看见：傍晚，他回来了，经常在桌子上放下一堆水果。看见他交给你放在家里的衣柜里的那些麻布和法兰绒，你用这些为我们做衣服。"

米斯特拉尔对父爱体会甚少，所以，她的作品中提到父亲的字眼也很是鲜见。

但卢西拉爱父亲，她不容许人们对父亲的贬低、嘲讽和诋毁。当她听到有人说她父亲的坏话时，她会奋不顾身、赤手空拳地冲过去——她对父亲的爱，没有理由，那是女儿对父亲的爱。她曾这样说，"在这个流言蜚语横行的国度里，不乏一位先生嘲讽我的父亲。我父亲不配他如此讽刺，而这块土地没有一点贵族气概，也配不上我父亲这样的人。"

胡安·赫罗尼莫教过的学生曾对他进行了客观的描述：他是一个很有学识的人，他个子不太高，皮肤黝黑，眼睛是绿色的。他性格暴躁，外表威严，喜欢发号施令。他讲课没头没脑，杂乱无章，但却很令人陶醉，因为课堂上他会读自己的诗，也会读别人的诗。

当然，他这种教法学生会喜欢的，但会被家长从一家赶到另一家。

而事实上，这个像流星一样的父亲对塑造女儿的前程并没有很大的贡献，但血浓于水，米斯特拉尔骨子里希望父亲是保护自己的那个人，但事实上，父亲却连自己都保护不了。女儿永远崇拜父亲，这是人世间的每个女儿的心路历程。米斯特拉尔在日后写给朋友的信中这样提到过："我对他的回忆是由于他不在而感到的痛苦，但是在很多方面我很钦佩他，对他的一股亲情是很深刻的。"

自1892年父亲离开家，直到1915年，米斯特拉尔才得到有关父亲的消息：他早在1911年就已经病逝了，去世前曾在科比亚波又成立了一个小家。

1909年时，有人曾见到过他在给矿山的工人讲课，说他那被酒精麻醉的身体单薄得像一张纸，幽灵般穿着黑色的外套——可能那时他已经病入膏肓了。他临终前，为自己的墓碑写的是这样两句话："我是一名艾尔基山谷的诗人，我的诗歌是帕哈雷特酒。"这个一生浪漫多情的人，终于停止了流浪的脚步，把自己留在了生他养他的那个"天的尽头"。

卢西拉可怜的母亲在丈夫离家出走后，就不得不为了生活而劳累奔波，于是，在卢西拉三岁时，她带着两个女儿到蒙特格兰德——距拉乌尼翁村3公里远的地方去给富人帮佣赚钱，小卢西拉在此度过了她难忘的童年时光，在她11岁时，母亲将她送到维库尼亚读完最后一年小学。但在卢西拉的记忆中，只有蒙特格兰德才是她真正的故乡："我是在蒙特格兰德长大的，那是艾尔基山谷倒数第二个村子，面对着一座大山，背后是另一座大山，山谷极为狭长，在群山中蜿蜒不绝……山谷中有一条小河，在三十来幢房屋和一些葡萄园……"

女诗人认为，蒙特格兰德铸就了她的灵魂，以至于她死后就选择埋葬在这里。

卢西拉还有一个同母异父的姐姐叫艾梅丽娜·莫利那·阿尔卡亚迦。这个从来不知道自己的父亲是谁的姐姐与母亲的性格很像，只是比母亲更安静更温柔。她大卢西拉15岁，所以，更像一个小母亲一样疼爱并呵护着这个聪明的小妹妹。艾梅丽娜不仅是个好姐姐，还是卢西拉的启蒙教师，因为她本来就是一位乡村教师，所以，她是第一个教卢西拉读书写字的人，也是她，在若干年后，把妹妹引上了乡村教师这条路。

如果说，卢西拉的童年就如此简单该有多好，虽然缺少父爱，但有高大的祖母，柔情的母亲，善良的姐姐，这样的情景，即便在破败的茅草屋中，也是一幅温暖的画。在这幅祥和的画作中，也许看不到那些痛苦与挣扎，但也不会产生那些如泣如诉的诗作吧。然而，生活毕竟是生活，很多事情无法凭美好的臆想去改写，它们带着残缺的美，一直流传着……

3. 噩梦降临

童年时代父亲的缺席的当属人生一大缺陷了，因为很多时候，一个女孩儿的力量、自信与骄傲，都来自于一个对自己疼爱有加的父亲。但米斯特拉尔没有，她得到了一个小小的花园，却丢了整个世界。然而，更大的不幸又接踵而至，给她的一生都蒙上了巨大的阴影，铸成了她忧郁而善于逃遁的性格，颠覆了本该自信的爱情，错失了人间的许多美。

若干年后，米斯特拉尔曾对秘鲁诗人塞萨尔·瓦列霍这样说："在生活中有如此沉重的打击。这些打击逃遁到意识里，到思想的中心，变成控制不住的说不出的反应。凡人眼睛既看不出来，也不能理解。它分布在感觉的所在区域，而不必通过在思想所停留的新创面侵蚀到下意识，浸透到记忆里，那记忆就像蘸满水的海绵，从没有干过，总是在那里滴答着的，是那可恶的事情闯入生活而给人留下的永恒的恐惧。"好多次，她都不假思索地发泄自己，并想为自己做出解释，以此来控制自己的这种恐惧，但她做不到，那种比死更可怕的感觉总会扯动她的神经。

那是在她七岁那年，一个平时很熟悉的邻家小伙子，竟强奸了她。她永远也不会忘记那凶残、黑暗的几分钟，一个只有七岁、还那么纯真的小女孩，被一个熟识的男人以野蛮的方式强暴。那曾美好的、渴望的、浪漫的东西都在瞬间湮灭。而今后的一生中，她都对"性"有着莫名的恐惧与厌恶。

出事那天，母亲去帮佣还没有回来，姐姐去学校上课，小卢西拉一个人在家里，反复练习姐姐教她的分音节，她是那么聚精会神，根本没有注意到恶魔的临近。突然，有人从后面抱住了她，小卢西拉吓坏了，祖母、母亲还有姐姐都是那么的温柔，这粗暴的家伙是谁啊？她挣扎着回头去看，原来是邻居家那个平时总说父亲坏话的哥哥，她不明白发生了什么，为什么"哥哥"会面目扭曲地抱着她，于是，她一边惊恐地喊"救命"，一边拼命地挣脱，但"哥哥"的手像铁钳似的，使她一动不能动。这个可怜的小女孩，被那个兽性大发的邻家大男孩一层层剥掉了衣服，然后，是撕心裂肺的痛……

短短的几分钟，让她感到了无尽的漫长，那张扭曲的脸，那撕裂肉体与心扉的痛，对，不仅仅是痛，还恶心，好像有好多老鼠被塞入了自己的体内，那种肮脏的感觉让她作呕。

闻讯而来的邻居赶到时，那个可恶的男孩已经扬长而去了，此时小卢西拉明亮的目光变得呆滞，仿佛周围的一切都是那么冰冷、肮脏。

不知过了多久，她好像听见母亲回来了，于是，她躲了起来，她害怕描述刚刚发生了什么，她希望自己能从脑子里把这块记忆分离出去，丢得远远的，身心俱痛的小女孩想独自承受这一切。

卢西拉软弱而善良的母亲通过好心的邻居知道了这件事，她一边为那个男孩祈求上帝的宽恕，一边安排女儿跟着姐姐到坎特拉读小学。她希望女儿离开这个让她恐惧的小屋就能忘记痛苦而快乐起来。而事实证明，小卢西拉却承受了更大的痛苦。

小卢西拉从此不爱与人说话，她总是喜欢躲在无人的角落。

一天，她来到拉乌尼翁村父亲为她留下的小花园里，对着弯弯曲曲的葡萄架，自言自语地说着悄悄话。母亲轻轻地来到身旁，温柔地抚摸她的额头："哦，我亲爱的宝贝，妈妈以为你发烧呢。没事的，没事的，我的女儿在给蛐蛐讲故事呢。"

小卢西拉的心里一下子暖暖的，她扑在母亲温暖的怀抱里，多想一辈子就在母亲的怀抱里，多温暖，多安详啊。

卢西拉的祖母也憔悴了许多，但她从来不在孙女儿面前提起什么，总是爱怜地给她讲《圣经》故事。卢西拉曾看见祖母一边流泪一边对着墙上的圣像说：圣母玛丽亚，求你保佑我的小卢西拉，让她不再悲伤，求你把那些罪恶的灵魂救出地狱之火，求你让罪人悔改，免受煎熬……

4. 坎坷求学路

接下来的日子，小卢西拉跟着姐姐去上学，她在姐姐的班级里，与一群一样大小的女孩一起读书、写字。可她总是比别人孤独，害怕人声嘈杂，她白天听见叫喊声，晚上就会做噩梦，梦里有魔鬼在她的身上撕扯。于是，她宁愿与花草或虫豸说话，也不愿参与到大家的游戏当中。多么可怜的小女孩。与姐姐共事的女教师很关心她，不久，除了姐姐之外，她把这位老师当成了最亲的人。

在祖母与母亲的祷告声中，卢西拉转眼11岁了，她小学的课程都学完了。母亲为了她能继续升入中学，就送她来到她出生的那个叫库维尼亚的镇子读小学最后一年级。可等待她的，并不是学生时代的美好生活，而是刻骨铭心的痛苦和耻辱。

在这个新学校里，这个从小没有父爱又遭遇过强暴的山村小女孩儿很自卑，她不愿与人交流，显得性格很孤僻。所以那些镇上的孩子们都嘲笑她。

维库尼亚的女校长叫堂娜·阿德莱伊达·奥利瓦莱斯，她认识卢西拉的母亲，所以，就担当了卢西拉在维库尼亚的监护人。但这个做校长的监护人对卢西拉并没有好感，她认为这个女孩子性格很古怪，甚至说她弱智。

事实上，这些浅显的课程小卢西拉很早就跟姐姐学过，对于重复学习，卢西拉不是很感兴趣。但这位瞎了眼的女校长却叫来了卢西拉的母亲："你的女儿对学习不感兴趣，我看她也没什么前途，你们家境不好，还是让她退学吧，回家做做家务也好。"

佩德罗尼拉很难过，她知道她的女儿有多聪明，她恳请女校长："看在上帝的份上，你可怜可怜我这苦命的女儿吧，让她读完小学，我们会按时交纳学费的，上帝会保佑你，善良的夫人。"

可这位夫人一点都不善良，凭着母亲苦苦哀求留下来的小卢西拉被她害惨了。

事情是这样的：堂娜·阿德莱伊达·奥利瓦莱斯确是个盲人，寄人篱下的小卢西拉每天要带这位瞎了眼的校长从家里到学校，再从学校到家里，担当领路人。这一段时间，女校长对她很信任，就另交给她一项任务，就是把一种方格办公纸平均分派给学生们，那些纸上都印着财务厅的字样，数量非常有限。

可到后来，小卢西拉放在书桌上的纸不够分了，怎么回事呢，那些纸她是一张张数过的啊。她看到了一些女孩儿们得意的窃笑，但她并不知道是谁拿了这些纸。

但是，那个瞎眼女校长却认定是卢西拉偷了办公用纸，并集合了全校学生，指控卢西拉是个偷东西的贼。

可怜的小女孩儿百口莫辩，她站在那些带着鄙视眼神的人群中，仿佛万剑穿心，忽然她感到一阵阵的晕眩，昏了过去。

不知过了多久，她慢慢地睁开眼睛，周围一个人也没有，她多么希望有个人来抚摸她，拥抱她，安慰她。可这偌大的操场，只剩下她一个人。

她不敢在天明时分回家，她怕那利剑穿心的眼神，等天黑了，她才慢慢地往家走。忽然，她的头被人打了一下，她用手一摸，天呐，出血了。

她慌乱地四下张望，原来，是那些平时欺负她的同学，她们一起向卢西拉扔石头，小卢西拉捂着流血的头向远处跑，终于，逃脱了，但她那流着鲜血的头，却永远铭记了那天的耻辱，她不会忘记那个瞎了眼的校长，也不会忘记那些追打她的人。

一个柔弱的小女孩儿，接二连三地遭受如此沉痛的打击，她心灵上的伤口远比肉体的伤口更痛。

从此，她再也不去学校上学了，也不给那个瞎眼校长领路了，她只有在家里自学。她读祖母的《圣经》，读姐姐给她买来的书。这样，她也为这个贫困的家庭减轻了些许的经济负担。

祖母的那本《圣经》给她敞开了一个丰富多彩的世界，她养成了爱读书的好习惯。读书，不仅可以让自己摆脱孤独，还可以在更广阔的世界中，与书中的人物同甘共苦，她尽情地品味着书中人的喜怒哀乐、悲欢离合。她更爱读《圣经》里面的诗歌，这种热爱不是出自对宗教的虔诚，而是出自对诗歌本身及生活的热爱。姐姐艾梅丽娜喜欢这个爱学习的小妹妹，把自己所学所会的东西全部教给她，慢慢地，已经小有学识的小卢西拉开始迷恋诗歌写作，在当地已经是小有名气的小才女了。与此同时，她也喜爱上了姐姐这样的乡村教师的工作，她的志向也想当个女教师。

14岁那年，母亲克服了常人难以想象的困难，给她买了一套行装，送她到一所师范学院去上学，她通过了考试，并被学校破格录取了。她和母亲高兴万分。

报到那天，她提着寒酸的行礼兴高采烈地来到学校，感觉一切都那么新鲜，那么美。可一切突然间都变了，校方郑重地告诉她：

"由于你在一份地方报纸上发表了几首泛神论的诗歌，我们不能录取你，你回去吧。"

卢西拉惊呆了：我的诗歌泛神论？我又被拒之门外了？

事实上，这次被拒，她的诗歌泛神论只是一个挡箭牌，真正的原因是那所学校得知了卢西拉在库维尼亚"偷窃的丑事"。这个原因，事隔很久她才知道。

她看着母亲为自己辛苦置办的行装，她哭了，一个转身——又是一道经久不愈的伤痕。

人生中真是有许多偶遇和巧合，若干年后，卢西拉已经是加夫列拉·米斯特拉尔了，她俨然是一位著名的女诗人，她要对童年短暂驻留却一生难忘的库维尼亚做一次访问，她曾说她的母亲是大山，那这条山谷就是她的根，她要抗拒遗忘，她害怕根的丢失，她要让根扎实地生长。

那天，高大又高贵的米斯特拉尔走在维库尼亚的大街上，她正想着，多年前的那天晚上，她曾在这条街，被自己的同学打得头破血流……忽然，一支悲哀的送葬队伍从她面前穿过，她鬼使神差地就跟着队伍走去，虽然她什么也不问，但冥冥中感觉这个死者仿佛跟自己有什么关系，她以这种特殊的方式找回自己的根，这不仅仅意味着她对死神的崇拜，更重要的是，她知道，终有一天，她也会顺着同一条路走完自己最后的旅程。

她就这样怀着复杂的情感跟着送葬对队伍来到了教堂，她对这种告别仪式很熟悉，因为，这是她儿时的故乡。身边一位小姑娘很自然地递给她一束玫瑰，就像送给其他没有带花的人一样，她知道，这束花是送给死者的。她把花端端正正地摆在棺木上，还念了几句祷词以示敬意。

然后，她问身边的人："死者是谁？"

"堂娜·阿德莱伊达·奥利瓦莱斯，一位失明的夫人，她是维库尼亚小学的校长，你不认识吗？"有人热心地回答。

"我永远都不会忘记她"。米斯特拉尔冷冰冰地、一句一顿地说出这几个字。

是啊，她怎么会忘记呢，一个还那么小的小女孩，就被这个女校长当成小偷，然后，在那么多人面前斥责她，并任由其他女孩子去凌辱她、打她，那石头与其说打在她的头上，还不如说打在她的心里，她的心灵从此留下了永不结迦的伤疤。而今天，与女校长以这样的方式相遇，是她始料未及的。

记者在米斯特拉尔获得诺贝尔奖后的一次采访中，当谈到儿童受虐的话题，"堂娜·阿德莱伊达·奥利瓦莱斯"——那个女校长的全名她脱口而出，在她的心里，这个名字永远不可原谅。

5. 15岁的乡村女教师

在卢西拉的心中，姐姐成了"乡村女教师"的代名词，她一直认为，姐姐是一位杰出的教师，她待人温和、耐心，并用全部的热情爱这份枯燥的工作。她立志就当姐姐这样的好老师。

终于，机会来了。那是1905年，卢西拉刚满十五岁，一个叫拉贡巴尼亚的乡村小学招助理教师，虽然助理教师没有正式的教师资格，但起码可以离梦想近一些。

通过姐姐的介绍，卢西拉怯生生地去应聘了。她的课讲得很美，如同一股清泉，清新自然，孩子们很喜欢她。

她如愿以偿地成了那个学校里最小的教师。

她圆圆的脸，大大的眼睛，略带羞涩的表情，她还是一个孩子，她的学生也没有小她几岁，她却体现出一种母性的慈爱，这个懂事的小姑娘，是贫寒的家境和坎坷的遭遇铸成了她早熟的性格。

学生们都喜欢听她讲课，枯燥的字母表，在她口中，讲得就像一个冒险故事，那么美好，又那么惊心动魄。她的课堂上，常穿插一些生动的小故事，那些丰富多彩的小故事很多都是她在《圣经》里学来的；还有些故事是流传在民间为孩子们所熟悉的，但经她诗一样的语言讲述起来，是那样的诱人、生动。她把历来枯燥的课堂变成了神奇的地方，不论大孩子还是小孩子，都感到很新奇，每一堂课的开始都像一幕新剧拉开帷幕。

她用心去爱这份工作，她对自己的前途充满了希望。

自1904年，她在家自学时，就在拉塞雷纳的《科金波报》上发表了一些小诗歌，此时，她当上乡村女教师了，她又开始写文章，但童年的噩梦还萦绕于心，她常用的笔名是"某人"、"孤独"、"灵魂"、"佚名"等，这些都刻入了少年诗人内心的伤痕。

由于她独特的教学方式，在1906年，当地的坎特拉小学邀请她去出任教师。她由衷的高兴，即便是没有教师资格的助教她都特别珍惜，那么现在，她是一名真正的乡村女教师了，她能不欣喜若狂吗？她曾写下这样的诗句来抒发她的遭遇和做了教师后的心情：

"诲人不倦的主啊，请原谅我从事教育，原谅我借用教师的称号，因为这称号你在人间用过，请赐给我爱，让我把它全部倾注在我的学校；连炽热的这一刻也不能夺去我对学校的情意。

导师，让我的热情经久不衰，让我的绝望成为过眼云烟。矫枉过正这种不纯的愿望仍然扰乱我的心灵，受到伤害时，我仍会产生卑劣的不满心情，这一切请你从我身上消除。

别让我为了学生懵懂或者前学后忘而伤心痛苦。让我比做母亲的更为慈爱，像母亲一般爱护那些不是我亲生的小孩。把笼罩在你身边的赤脚孩子头上的光辉带给我的平民学校。尽管我是个穷苦的女人，无依无靠，但让我坚强起来，让我蔑视一切不纯的权力，蔑视除了你的意志以外地对我生活的一切压力。

朋友，陪伴我！支持我！有许多时候，除了你以外，谁都不在我身边。我的教诲越是纯洁，我的真理越是烘烈，世俗的人越是不跟我在一起；你是最了解孤苦无依的人，那时候，请你把我紧搂在你胸前。我从你眼里看到甜美的赞许，我就心满意足，别无他求。给我朴质，给我深度；让我每天教学时避免平淡烦琐。

让我每天昂起头来到学校，把心灵的创伤忘掉。让我工作时抛开个人物质的追求和庸俗的苦恼。让我的手在惩罚时变得轻纤，在爱抚时更加温柔。别申斥我，因为我爱之深才责之严。让我的砖土学校有崇高的精神。让我热情的火焰去温暖它寒酸的门廊和简陋的教室。让我的心意和善良的愿望使它比富有的学校更为富丽堂皇。

最后，请你从委拉斯开兹（西班牙画家，以宫廷人物肖像画著称）的画布上抬起苍白的面庞，提醒我，在世上教学和热爱就是两肋带着朗其诺斯的矛伤（耶稣被钉在十字架时，用长矛猛刺罗马士兵），直到生命的最后一息。"

她感谢姐姐，是姐姐给了她当上教师的本领。是姐姐的温柔耐心引领了她的教学风格。姐姐，才是一个真正的乡村女教师。

日后的许多年，每每提起姐姐，米斯特拉尔都有一份深深的感激与同情。这个同父异母的姐姐很命苦，她从来不知道自己的父亲是谁，十几岁当上了乡村教师，结婚不久又死了丈夫，后来，又失去了生命中唯一的女儿，姐姐是那么的不幸，米斯特拉尔曾写下一篇《乡村女教师》的诗歌，就是对姐姐的真实写照。

第二章　温柔园丁遭遇爱情悲剧

1. 炽热而无望的爱情

正值花季的少女卢西拉也开始憧憬着美好的爱情，虽然对肉欲充满着恐惧，但她始终都相信爱情的美好。但因为她残缺的童年，她对爱人的选择却与众不同，她会爱比自己年长很多的男人，这样，她会有一种被保护的安全感。她的初恋——那个叫阿尔弗雷多·魏地拉·皮内达的39岁的庄园主，就这样走进了她的生活……

那是1905年，邻近卢西拉教学的巴贡巴尼亚小学不远，有一座叫萨莫·阿尔托的庄园，这个庄园主要种植葡萄。我们知道，智利中部因为土地肥沃、气候温和，有许多这样的葡萄种植园和酿酒园。这个庄园的主人出生于1865年，比卢西拉整整大了24岁，但他长相英俊秀美，而且多才多艺。他能把肖邦的曲子弹得入木三分，他画的鸟儿像真的一样，让人总想去摸一摸它的羽毛，卢西拉对他是那么着迷，对于这个初涉世事的小女孩来说，这个叫阿尔弗雷多·魏地拉·皮内达的男人，简直就是童话中穿着华服的白马王子，而自己——这个在厨房干活的灰姑娘，一定要试一试那只舞鞋。

于是，她恳求自己的女友阿尔特米亚帮她给这个英俊的庄园主递了第一封信。

一天、两天，已经第三天了，卢西拉忐忑而焦急地等待着回音，可一个星期过去了，还是没有得到庄园主的回答。

这个安静的小女孩一旦打开爱情的心门，就像她故乡的火山喷发，那样狂热而奔放。她在内心的焦灼和对现实的剖析中，写了一首《无望的爱情》，发表在了《科金波报》。那激情澎湃的心情描述，似乎听见了火焰燃烧时的噼啪声。

可她怎么会是轻易放弃的女孩呢，她鼓足勇气又写了第二封信，这次，她约他周末下午两点三十分在广场见面。广场可是个大众场所，卢西拉希望能在广阔的天空下，与自己心爱的人畅抒情怀。

很快到了约会的那个早晨，她早早地起床，她想穿得漂亮点，可她的衣服都是一些褐色的土布，她哪里有漂亮的衣服啊。她在这所最简陋的学校里当助教，她的薪水是那么微薄，哪里有钱买昂贵的漂亮衣服呢。但卢西拉还是精心地打扮了一番，她有着修长的身材，大而美丽的绿色眼睛，白净的皮肤，还有婴儿般稚气的脸。为什么一定要有昂贵的衣服呢，有了青春和才情，她就有权利拥有爱情。

她坐在广场的木椅上，能听见自己"嘭嘭"的心跳声，天呐，他不会不来吧？小姑娘很不自信。

"他来了，他来了，我看见他向我走过来了，他穿着蓝色的华服，像个王子，不，比王子还要英俊。"她在心里欢快地说。

他来到了她的身边，友好地轻握一下她的指尖，彬彬有礼地说："感谢上帝让我认识你，可爱的姑娘。"

卢西拉幸福得头晕，他离她那么近，她似乎闻到了他身上散出来的气息。

那天他们谈了很多，从诗歌到钢琴，还有彼此的爱好，在卢西拉的心中，眼前这个俊美的庄园主简直就是一位了不起的艺术家，他不但家境殷实而且心灵富有。

那一天，她失眠了。她回想着他们见面时的美好点滴，又不得不面对现实的差距，她的思绪像故乡多发的火山一样，炽热地翻滚着……

她一封封地给他写着情书，她竭力使他相信，自己是多么爱他："从没有一个男人像您一样使我受到上苍的惩罚，从来没有任何人让我如此辗转反侧，让我充满痛苦。"

然而，她寄出的信却多半得不到回应，她非常焦虑，但她又是个腼腆的女孩，只能在痛苦中等待。终于，他们又约会了，只是，每次约会，卢西拉都选择在公共场所，而阿尔弗雷多却坚持与她秘密交往。但她不能把这个男人带到自己的住所，她怕被侵犯，她怕做噩梦。当阿尔弗雷多提出去她女友的家时，也被她拒绝了，她在信中这样回应她："这对我倒没什么，因为这种会见对我来说不会有什么不光彩，因为我一直牢记自己的本分，但是如果有人想恶意中伤，就会把不光彩强加于我，就会给污蔑、猜测和判断带来口实，这样才会给我带来极大的损害，而我，为了无愧于人们的帮助和尊敬，我仅仅想拥有清白，这是一位贫穷女人的唯一财富"。

所以，他们的单独交往最多是去剧场。

1905年8月，这是卢西拉与阿尔弗雷多正在热恋期间，内心挣扎的女诗人写了一首充满痛苦的诗《黑色花》，诗中写道：

> 为了生活我默默地勇往直前，
> 就是欢笑，我也视它为痛苦。
>
> 告诉我，你为什么用歌声召唤我？
> 难道你不见我的灵魂在黑暗中驻留？
> 没见到你是在向荒漠乞求花朵？
> 没见到你是在向黑夜乞求黎明？

这首诗刊登在1905年8月8日维库尼亚城的《艾尔基之声》，从诗中，她仿佛预感到自己的一生将是痛苦地奔波，而爱的旅程就像一块没有绿洲的荒漠。

对于爱情的美好都漂浮在她的幻想世界中，在她回到简陋的住所或穿上寒酸的衣服时，那飘在云端的浪漫童话会瞬间跌碎，她矛盾地挣扎着，但她却无法逃脱，仿佛飞蛾扑火，唯那一点光明牵动了它的翅膀。

她的信中这样对阿尔弗雷多说："我的心灵正品味着将置我于死地的毒药，我要不蒙着双眼走向不幸，眼睁睁地等待着我的结局，决不后退，决不会改变方向，我跟您说过，我从未像现在这样缺乏理智。只要毒酒是甜的，我就会将它饮下。当死神带着玫瑰花冠，穿着粉红色的衣裳，我便会向她扑去，投入她的怀抱。

"爱情是用彩霞和鲜花遮盖着的最大不幸，在它的帝国，一切都是美好的，悲哀也是甜蜜的，呻吟声就像潺潺溪流，而背叛的鞭笞好像抚摩，连自己所崇拜的偶像的置之不理也能使人爱得更深"。

看呐，这个小姑娘的心已经完全被爱情俘获，情窦初开就已陷入深潭。

但她的爱情只是一个纯净的水晶体，只能欣赏，却不能在浮尘中蒙羞。而她从山中来，怎么会没有浮尘呢。

有一次，卢西拉因为生活所迫，向阿尔弗雷多借了一点钱。因为她的收入实在太微薄了，姐姐成家之后家庭也很贫困，母亲因为她去师范学院为她置办行装，还有应聘这份工作时，向别人借了钱，她需要在限期内还上这笔钱。

不久，他们在剧场的一次约会中，卢西拉发现了阿尔弗雷多那不易察觉的异样的眼神，她是一个多么敏感又自尊的姑娘啊。

1905年12月23日，平安夜的前夜，她给他写了一封致歉信：

"请原谅我直到现在还没还您的钱，请您不要否定我的理由，的确是我微薄的收入使我没有履行自己的承诺……"

恋爱中的男人，哪个不想让心爱的女人与自己耳鬓厮磨，但卢西拉坚决地抵制肉欲，她童年遭遇的那次强暴让她对"性"产生了莫名的恐惧。她拒绝阿尔弗雷多对肉体的进攻后，给他写了一封信，信中说道：

"……，如果您真的爱我，您就会把一切危险、一切可能给我带来阴影的东西从我身边赶走，为什么苛求一个可怜的女人呢？她的逞强会把她拖入深渊。"

这样，卢西拉也终于明白，这次"无望的爱情"是难以继续下去了，因为爱情不单单是一种美好的幻觉，爱情是可以触摸到的真实，包括彼此的地位、爱好还有责任。

于是，在1906年3月20日给阿尔弗雷多的信中写道：

"如果我的举止迫使您离开我，那么我将忍受我最大的不幸……

"最后一句话，当我心中还能保留一种感情时，我将牢记您的友谊。如果您基于一种不真实的理论，坚持说是由于不爱您，或出于类似的理由使我这样做，那么我只能听凭您的抛弃了。但是，我再一次对您说'相爱的人不要求别人做出牺牲，而是牺牲自己。'这就是爱，其余的都是谎言。"

就这样，卢西拉告别了这历时18个月的恋情，而这18个月中，几乎都是卢西拉自己与自己的心灵对话。对于经常收到情书的阿尔弗雷多来说，这个女孩所言的，他只能感触到一些美丽的气泡和倔强的宣言，而他真正要娶的，应该是一个门当户对的姑娘，更要命的是，这个叫卢西拉的小女孩，像修女一样，坚决地抵制肉欲。但他不得不承认，这个绿眼睛会写诗的小女孩儿，是一个令人非常愉悦的谈话对象，她的诗歌与书信都非常独特，有很强的表现力，她的痛苦好像牢牢地扎在了心里，让人心痛却无从体会。

卢西拉调整一下自己的情绪，她要抖落情感的包袱，她不希望失恋的痛苦会给自己的前途带来阴影和荆棘，因为她还要"痛苦地活着"。

现实的鸿沟终于无法被顺利地跨越。这段似乎有些恋父情结的初恋被女诗人轻轻挥去，她也由拉贡巴尼亚搬到了坎特拉任教。忘记痛苦的方式就是旅行，她不能像有钱人一样去旅行，命运却给她安排了一次恰当的逃遁，而这样的逃遁，却贯穿了女诗人的一生。细看米斯特拉尔的人生足迹，可以发现：她诗歌之旅的起航时间就与她和庄园主的爱情同步。这次爱情，她留下了《无望的爱情》、《黑色花》、《生命的终极》等诗歌。

2. 不朽的爱情神话

1945年，瑞典学院院士亚尔玛·古尔伯格给加夫列拉·米斯特拉尔在诺贝尔文学奖的授奖辞中，有这样一段话：

"20岁的米斯特拉尔决定了自己一生的命运，她对一个铁路雇员产生了炽热的爱。关于他们之间的爱情故事，我们所知甚少，只知道那个雇员辜负了她。1909年11月的一天，他用枪击中自己的头部，自杀了。年轻的姑娘陷入了无限绝望的境地。她像约伯一样，向苍天呼号，诅咒不该发生这样的悲剧。从此，在这贫瘠、枯黄的智利山谷中，升起了一个伟大的声音，这是遥远的人们都能听得到的声音。日常生活中的不幸不再具有个人色彩，而成为文学作品的内容。卢西拉·戈多伊·阿尔卡亚迦也成了加夫列拉·米斯特拉尔。这位本来无足轻重的乡村女教师一步步登上了拉丁美洲精神皇后的宝座。"

这是一场何等伟大的爱情，致使诗人一举成名？这个命运多舛的姑娘又许下了怎样委婉凄恻的爱情宣言？让我们共同走近她，慢慢地品味这一次"无限的、唯一的、致命的爱"……

1906年，卢西拉怀着一颗受伤的心，来到了坎特拉（采石场）任小学教师。姐姐经常写信给她，这让她孤寂的心稍有安慰。

一个满天星斗的夜晚，她又去科金波取姐姐的信，回来的路上，她认识了罗梅里奥·乌雷塔·卡尔瓦哈拉。这是一个长得很帅的男人，他中等个头，五官端正、举止文雅，蓄着好看的胡须，穿一双时髦的"牛舌头"尖皮鞋。他说起话来的样子有些腼腆。在卢西拉的眼里，他性格欢快，为人随和，广交朋友。那年，卢西拉17岁，罗梅里奥22岁。

罗梅里奥有着贵族的高贵身份。他的家族属于智利最古老的贵族，就是最初的克里奥约人，即"土生白人"，是西班牙人的后代。而他就是智利第一任总统的不知第几代孙辈。

他高贵的身份还体现在他是科金波消防队的创办人之一。因为在智利，很久以来就把义务参加消防队当作一种极大的荣耀，只有上等人家的孩子才有资格进入消防队来享受这一殊荣。直到现在，尽管智利火灾事故频发，智利仍沿用这套老规矩。而这个罗梅里奥，就是一位义务的消防队员。

罗梅里奥的大哥继承了父亲的庄园，二哥在智利北部的铁路部门担任要职，当这个大哥无法说服罗梅里奥留在庄园务农时，二哥就安排弟弟在铁路上担任行李房管理员的工作。

卢西拉对于这个白皙英俊的小伙子一见钟情，她的心被他涨得满满的，一行行朴实自然、如山泉般的诗句在内心流淌。

初恋的年轻姑娘又惊又喜，好像进入了一个美妙世界，那里春光明媚、鸟语花香。

但如修女般安静的卢西拉又是那样的自卑，父亲的早逝、七岁时遭遇的强暴、学生时代的耻辱、穷困的家庭、这样的经历总是萦绕在她的思想里，她把自己置身于一个难堪的境地，她所有的美好只能在臆想中膨胀，而本该同样美好的现实，在她的直视中却不寒而栗。她经常忐忑不安，暗夜《不寐》……

> 昔日我是个乞丐，今天成了女王，
>
> 只怕你将我抛弃，
>
> 终日胆战心慌，面带迷惘，
>
> 我时时都想问你：
>
> "还与我在一起吗？"

然而，她眼中无限美好的爱情终于在她患得患失的恐惧中结束了，短暂得几乎没有留下他们之间可以让人探究的书信。那个时期的爱情，除了书信作为表达情感的方式，还会有什么呢？尤其像卢西拉这样一位有才情有诗意的女孩儿，这样两情相悦但却安静地相爱着，似乎不合常理。

泪水涟涟的《相逢》体现了她们在分手后的某天相遇了。他那短暂的爱情是因何结束的呢，终于，那可以探究的《小曲》出现了：原来，这个罗梅里奥离开了这个在暗夜里与自己结伴而行的忧郁的女孩，他另结新欢！这对卢西拉来说，是个绝对沉重的打击，她深爱的人将她抛弃了！

的确，罗梅里奥真的爱上了别的女孩，并且已经谈婚论嫁了。罗梅里奥的新女友叫克莱蒂娜·埃雷拉，她们的结合被双方的家族祝福。卢西拉也曾亲眼看见他的心上人与别的女孩亲热，在她的

《爱情书简》中，收录了她写给第三任恋人的信，信中就详细描述了这一心酸的过程。

年轻的卢西拉内心是何等的痛苦与焦灼，刚刚从热恋的高空跌入失恋的低谷，她嫉妒、痛苦、怨恨并诅咒着。于是，她拿起笔，愤愤地写了一篇《天意》，而这一时之愤的诗歌却像玛亚人的预言一样，让抛弃他的爱人出现了悲剧性的结局。

就在罗梅里奥准备结婚之时，他的一个叫卡洛斯·奥马尔·巴里奥斯的朋友，说他急需1500比索，并且保证在三天之内还钱。罗梅里奥相信了他的话，不假思索地从铁路局的钱柜里给他取出了这笔钱。三天过去了，卡洛斯没能还上这笔钱，对于一向循规蹈矩的罗梅里奥来说，这是一件多么让人难堪的事。

如果在铁路局背上个"挪用公款"的罪名，这可是不得了的事。大兄长虽是个庄园主，但却在山谷深处，路途遥远，如果去他那取钱补上亏空，已经来不及了。1909年11月25日，这个马上就成为新郎的罗梅里奥，对着自己的太阳穴开枪自杀了！

这一天，距离卢西拉信中提到的"当着她的面相爱"的事件过去仅15天。

这件事引起了新闻界的关注，当地的几家报纸，如科金波的《劳动报》，拉塞雷纳的《改革报》都立即进行了报道。不仅仅罗梅里奥是名门望族，又是受人尊敬的义务消防员；更重要的是这在一个笃信天主教的国度里，自杀事件会让很多人震惊。这样的灵魂将被上帝惩罚。

他的葬礼举行得相当隆重。但作为一个天主的信徒，自杀是绝对不允许的，再隆重的葬礼也免不了自杀之人的灵魂受炼狱之灼的痛苦。于是，痛苦万分的卢西拉不惜一切代价，向上帝发出了最凄切的《祈求》。

这首诗让卢西拉的爱情故事无比的惊艳。那如呻吟般的呓语，却如同烈焰一样炽热，带着野性的陶醉，一直把这祈求的声音传到上帝的耳朵。

智利著名的文学家阿洛内在1946年《民族报》的一篇文章中说："不论是谁，都没能像我们的女诗人的这几首诗一样，将这不朽的精神血液表现成嘶哑的、活生生的、充满人情的和谐。这纯粹是痛苦、怜惜、爱恋与恳求的呓语……那充满激情的呼声，那爱的诅咒，在西班牙语文学中从来没有达到像《祈求》所达到的高度，这是希伯来语（犹太的民族语言，主要用于《圣经》与相关宗教方面的研究）的，它带着预言式的火山爆发，直达上苍的心间。"

然而，在荏苒的岁月中，这样的故事很容易被人遗忘，卢西拉与罗梅里奥的故事毕竟只是在岁月的长河中波澜不惊地流过。对于这段被称为神话的爱情，我们暂告一段落，日后，那惊天动地的诗作定会把逝去的人从坟墓中惊醒，揭开一段爱情故事神秘的纱幕。

3. 暂别爱情与命运抗争

卢西拉·戈多伊·阿尔卡亚迦早在1904年就开始在当地的报纸杂志上发表诗歌和文章，1908年，在《科金波文学》这本书中，收录了女诗人的许多诗歌，这使得她在地方上小有名气，但这也引起了一些人的敌意与妒忌，这些人认为她的作品是反宗教的，有无神论的倾向，而事实上，这个生性率真的小姑娘只是坦率地写出自己的感受，与这样的说辞毫不相干；而另一种指责竟是卢西拉没有正式的文凭就没有任教的资格。

卢西拉一边承受着爱情的痛苦，一边坚强地与命运抗争。

罗梅里奥自杀后不久，她承受着巨大的痛苦来到拉塞雷纳女子学校任教，她在那里只不过是个三等教员，但学校的老师却认为她是一个"危险分子"，并对她的"无神论"进行了严格的考验，然后又对她的"社会主义倾向"也考察了一番，甚至还指责她帮助那些下层阶级的女孩子入学。

卢西拉据理力争，她说："我了解那些女孩们的才能，但学校的大门却对她们是关闭的，这不公平。"

但无人理睬这些。依旧视她为思想不对头的另类教员，要把她拒之门外。因为学期结束时会有一次教师资格的考试，卢西拉忍辱负重，她恳求女校长给她安排一个视察员的差事干。

于是，她就被任命为视察员兼女秘书。

除了来自社会上对于她诗歌"无神论"的攻击，她还受到同事和竞争者的凌辱，他们认为，卢西拉成为小学教员，是"儿童世界的闯入者"，对此，卢西拉都进行了言辞激烈的反击。

她说："我并非反宗教，我差不多是以神秘主义者的热情笃信宗教，但是我相信的是原始意义的基督教，而不是被神学院搅浑了的、被礼拜的仪式变粗俗和渺小了的天主教，这一切使天主教变成了毫无美感的异端邪说。说到底，我信基督教，但我不是信徒……

"我也不是你们所说的'儿童世界的闯入者'。可你们却这样认为，因为我没有文凭而在教书。……我不像你们一样在一所正规的学院里，坐在像样的课桌旁上学，我没能上学，因为我的母亲要靠我的双手来养活，那时候我才15岁，人们都有父母或兄妹……对于我，一个孤零零的弱女子，我不是儿童世界的闯入者，我自省我的良心，我每天的面包不是抢来的，不是从哪个更有权得到这个面包的人的手里抢来的。上帝陪伴我度过痛苦，我在正义的抗争中矗立……当我在一个乡村学校挣可怜的50比索的时候，你们没有谁讨厌我。

我用歌声的溪流浇灌着田野，我并没有伤害你们，如果我离开了这里，我母亲和我，不能只吃一个小小的面包。我会做你们所做的事情：用语法分析句子，进行动词变位。就是因为这是一所规模较大的学校，你们便不友善地对待我了，你们挖空心思地找各种理由来排挤我，但我并不觉得我有什么特权。还有好多人也比你们强，但你们却不觉得他们是闯入者。"

这就是卢西拉的辩护，充满智慧与坦诚。

卢西拉并没有屈服于命运的安排，1910年，她来到圣地亚哥师范学校参加教师资格的考试。女校长对卢西拉的才华早有耳闻，她提议，让卢西拉以诗歌答卷——即用有韵律的形式讲述枯燥的生物学。卢西拉接受了这一挑战，并凭着她对花朵富有诗意的描写征服了考官，她通过了教师资格的考试！

卢西拉在圣地亚哥师范学院就学期间，结识了自己为数不多的支持者之一——菲德拉·瓦尔德斯小姐，后来，她成了圣地亚哥师范学院的校长，并与卢西拉一同前往安第斯山城。

有了如通行证般的教师资格，同年，卢西拉离开了饱受凌辱的拉塞雷纳学校，到了离圣地亚哥不远的巴兰迦斯工作了两个月，被任命为特莱伊圭恩学校的教员，这是一个很特别的职位——卫生教员。这个工作就是宣传卫生，使学生们养成良好的卫生习惯；检查学生们的指甲耳朵，看有没有污垢，看鞋子是否擦得干净，围裙是否整洁。卢西拉对此项工作并没有投入太多的热情，但却给她迎来了晋升的机会。

1911年1月11日，她被调到安托法加斯塔一所中学担任总视察员和历史教员。

这是智利北部一座富饶的港口城市，盛产铜与硝，与省份同名。当她乘着一艘名叫"巴拿马"的客轮到达湿滑的码头时，她看见女校长堂娜·菲黛拉·瓦尔德斯·佩雷伊拉早已经在那里等候了。她轻巧地登上码头，环视了一下那黄颜色的山冈，倒有几分敬畏，那可是浩瀚荒漠的门户啊。

与校长同来的，还有一位记者，卢西拉俨然已经是一位小有名气的诗人了。日后，卢西拉与那位记者合作为《商报》撰稿。

与拉塞雷纳的冷漠不同，这个黄沙荡荡的北方城市过于热情与殷勤，于是，她轻而易举地与一些爱读书的人成了朋友，这些人有报界的编辑、记者，爱读书的商人、诗人，还有一些小有名气的作家和一些文学爱好者，但这个城市的文化底蕴让她有些无所适从，因为除了少数的朋友以外，这里生活着两种截然不同的人群：投资的外国人和为外国人打工的工人，他们很少读书，轻视教育，她甚至有些孤独。

"我发现我没有资格接受周围的人对我的客气，也许，他们表现出来的那种尊敬只是一种不信任，也许是一种隐形的冷漠，这种感觉我不喜欢，一想到这种人际关系很做作，我就有一种奇怪的感觉，这可能与我的生活经历有关，还有重要的一点是，我是一个没有多少光环又不爱交往的女人。"卢西拉日后回忆说。

她竭心尽力地在安托法加斯工作了一年半后，又漂到了智利中部的安第斯城。

4. 蜕变

在拉美文坛乃至整个世界，诗人、作家都习惯为自己取一个笔名。卢西拉从14岁开始写作时，用的是洗礼名：卢西拉·戈多伊·阿尔卡亚迦。1906年，曾用过"某人"、"孤独"、"灵魂"、"佚名"等作为自己的笔名，影射了童年的不幸与孤独。而现在，她觉得该给自己固定一个正式的笔名了。她父亲想用那个长长的名字来颂扬上天，求得上帝的庇护，但一切能承受与不能承受的痛苦，她都悉数全收了，那个洗礼名并没有让她得到上帝的偏爱。她要为自己选择一个响亮的名字，与她的梦想一致，与她的诗歌一致，与她的生活一致。

于是，她把自己当时最崇拜的两个文学偶像的名字合起来，组成了自己的笔名。

卡夫列拉·邓南遮是意大利著名的诗人、作家；弗里德里克·米斯特拉尔是法国诗人，卢西拉被他的《弗里德里克·米斯特拉尔传说》所倾倒。

于是，加夫列拉就成了卢西拉的名，米斯特拉尔就定为她的姓，而加夫列拉是卡夫列拉的阴性形式。这样，她的笔名就正式确定了：加夫列拉·米斯特拉尔。

1912年，她还在安托法加斯塔时，她在《商报》上第一次用了这个笔名。而之后的许多年中，她那长长的洗礼名字只在日常生活或正式场合，比如任命、聘请、嘉奖时才用。

她知道，有了响亮的笔名远远不够，她前面的路还很长，她必须拼命劳作，才会得到幸运之神的垂青。

她在给朋友的信中说："我的朋友，这就是我可怜的生活概况。在生活中，我找到了一件特殊的东西，这就是：努力。"她孜孜不倦地追求着，以期自己的诗歌能达到一种更高的境界。她也深爱着教育事业，她从不会占用备课、上课的时间去写诗。但她还是听见有人说：她写诗，别给她发工资。

她回应道："对于我来说，教师是我的职责，从前是，现在也是。这仿佛是一种与生俱来的品质，占据了我全部的精神、才干和心灵。对于我来说，文学只不过是一种消遣，用来消磨时光。

"我从学校里没有偷窃任何东西，我没有丝毫后悔的。文学对于我来说从来不是目的，学校耗去了我的全部青春，我的感情，我有限的文化，我极大的热情，这一切全都交给教育了。我人穷，青春是唯一的财富，我却把它全交给了教育。"

加夫列拉·米斯特拉尔，就是这样，一边工作，一边写诗，一边还要与身边那些层出不穷的谩骂与责难做着斗争。

从卢西拉到加夫列拉，不仅仅是名字，更仿佛是一次蜕变，那朵默默无闻的野百合也成了智利人尽皆知的国花"戈比爱"了……

这是一个美丽的传说：在遥远的古代，智利的百合花只有蓝、白两色。公元16世纪，印第安人阿拉乌加诺部落，与西班牙殖民者进行了不屈不挠的抗争。在民族英雄劳塔罗的领导下，阿拉乌加诺人把入侵者打得落花流水，狼狈逃窜。而正当义军节节胜利之际，仲塔罗和他的3万名爱国将士却由于叛徒的出卖，而误中了敌人的埋伏，虽然浴血奋战，但全部壮烈牺牲。第二年春天，在那些爱国壮士捐躯的地方，绽开了红艳艳的百合花——"戈比爱"，人们认为这是烈士们用鲜血浇灌过的蓝色、白色百合变成的。因此，在智利获得国家独立后，人们一致赞成将"戈比爱"定为国花。而智利构思奇巧的国徽图案上，也有一簇美丽多姿、质朴可爱的花束，它就是一束红色的野百合花。

5. 安第斯情怀

1912年7月，米斯特拉尔在安托法加斯塔工作一年半后，她在圣地亚哥师范学院结识的菲德拉·瓦尔德斯被调到了安第斯城当校长，她劝卢西拉与她同去。于是，在安第斯城的6年中，她不仅完成了从卢西拉·德拉·玛丽亚·德尔·佩尔佩多奥·索科洛·戈多伊·阿尔卡亚迦到加夫列拉·米斯特拉尔的蜕变，还创作了惊天动地的爱情诗篇，她的事业和一生相依的友人，也都在这里生了根。

从黄沙漫漫的安托法加斯塔来到安第斯的加夫列拉·米斯特拉尔，仿佛远行的女儿回到了母亲的怀抱，山脚下长大的女诗人喜欢这个朴实的山城。她感到了从未有过的踏实。

宁静的小城在大山的怀抱里，就像母亲慈祥的目光下一个小小的摇篮。安第斯城全名"圣罗莎的安第斯城"，始建于1719年，从一个只有800人的小城发展成为一个完备的城市。与所有殖民时期建立起来的城市一样，市中心是"武器广场"，占据重要位置的是教堂、政府与邮局。广场是一切活动的中心，平时是集贸市场，节日就成了欢乐的聚会地点。一条条街道以广场为中心向周围伸延，错落整齐。直到现在，这个小城街上的房屋还保持着殖民时期的风格，几乎全是低矮的平房或两层楼房，没有任何高层建筑，也很少有商业广告和五光十色的霓虹灯。而那些房屋却涂成了各种可爱的颜色：湛蓝、嫩绿、鹅黄、深粉还有浅褐色，它们鲜艳地站在街道两旁，而房屋的拐角却独具匠心地做成圆柱形，美观奇特，成为印第安城一道独特的风景。随处可见的热带植物如香蕉、棕榈，舞姿曼妙徜徉于这安静的小城中，给城市带来阵阵清凉。

米斯特拉尔就在这样美丽而安静的城市平静地生活，教书、写诗、培植着真挚的友谊。

在她的朋友中，有一个男人，是那种柏拉图式的异性知己。也是这个男人，在今后的生活中，给女诗人以极大的帮助与支持，他们的友谊超越单纯的爱情、单纯的友情，是彼此欣赏，彼此相知后的信任与帮扶。

他叫佩德罗·阿吉雷·塞尔达，于1879年生于安第斯城，在当地上小学，在圣菲力上中学，1897年读师范学院，同时读国立大学法律专业。1904年在国立大学任西班牙语教授，同时获得律师头衔。1910年到欧洲研究公共财产与教育学，回国后到安第斯城任教，并被政府任命为安第斯城议员。

佩德罗身材瘦小，小眼睛，蓄着胡须，皮肤黝黑，传承了古老的安第斯人的面孔。

可别小瞧了这位长得像个印第安农民一样的男人，他在1938年至1941年间，当选为智利共和国的总统，代表着广大的人民阵线。

也许是对大地共同的感情把他和她联系在了一起。于是，很多时候，他们都静静地为对方点燃一支烟，然后倾心交流。

他从来不问她的私事，他们总是就一个问题进行讨论式的聊天。

他发现，眼前这个高大修长的女人，外表安静得像个修女，但当话匣子打开时，却妙语连珠，滔滔不绝，他觉得和她聊天是件非常开心的事情。

他问她："你真的认为有上帝存在吗？"

她笑了："上帝是一个影子，他总是跟着我，让我去发现一切美好的东西。你呢？"

"我？我是个不可知论者，我拥戴伏尔泰倡导自由与民主；崇尚法兰西革命，是个激进派，还是个共济会成员。"

"那么说，你是一个不折不扣的政治家？"米斯特拉尔不无调侃地问。

"不，同时，我和你一样，我还是个教员。我教西班牙语和法律，你教历史。"

"是，我热爱我的教师工作，但我总是与我们的校长意见相左，唉，是不是我这个人生就阴暗之中，样子又不招人喜欢，不愿与人交往，就让他生气呢？"卢西拉想起在学校的事，问起佩德罗来。

"不，不是的，你的西班牙语和历史课都非常生动有趣，学生们更是欢迎，我想，你应当被授予国家教师的资格，而且，还应当受到嘉奖，相信我，我会帮助你的。"佩德罗真诚地说着："你写诗，向报社投稿，这都是好事，是你的优点，不要因为少数人的指责就怀疑自己，你有自己的思想，是受人们尊重的。"

加夫列夫很感动，这个为人内向的男人，像亲人一样，关心爱护着自己，同时，又像爱人彼此倾听彼此欣赏。

佩德罗常常看到米斯特拉尔面色苍白，疲惫不堪的样子。他不知道是工作不顺利还是感情困扰，但他从来不会刨根问底地探个究竟，而是用轻松的谈话让米斯特拉尔开心一些，可以暂时忘却一些不愉快的事情。

米斯特拉尔在情不自禁时，会讲起自己噩梦似的童年，讲曾被一个可恶的女校长说成是弱智，讲让她头破血流的石块，讲自己被诬蔑为小偷。

佩德罗总是认真地听着，看着她的眼睛，仿佛告诉她：这些又有什么呢，一切不是都过去了吗？今后的路还长。

米斯特拉尔与佩德罗还计划在安第斯办一座以萨米恩托的名字命名的学校，以期唤起人们回顾历史，而学校的位置就选在这位历史伟人曾任教的地方。但这个计划终因两个人各奔东西而流产，好在，佩德罗在加夫列夫的鼓励下，写下了一本《土地问题》的书，这本书于1929年出版，算是他们之间友谊的另一个见证吧。

因为都深爱着这片土地，所以，他们的交往是默契而愉快的，而且这种友谊可以传承。

生性忧郁的米斯特拉尔很喜欢到林荫路上去散步，大自然的一个落叶都会激起她如火山般的情感。而就在这条林荫路上，她又遇到了另一位知己——劳拉·罗迪格。

劳拉·罗迪格是米斯特拉尔的学生，这可是个了不起的女孩，她看上去文弱娇柔，但她的伙伴可都是一些坚硬的石头，在她自己的小天地里，到处堆满了大大小小的石块，她最大的梦想就是要成为一个雕塑家，功夫不负有心人，她在17岁时，就获得了官访沙龙雕塑的二等奖，这可是很多成年的雕塑家都难得的殊荣啊。后来，她也真正地成了一名雕塑艺术家，并为米斯特拉尔雕了一尊传神的石像。

开始，是劳拉那双灵巧的双手吸引了米斯特拉尔的注意，经她雕出的艺术品，活灵活现，让一块块冰冷的石头有了生命。她一有工夫，就钻进劳拉的小作坊里，看着她用凿子凿那些坚硬的石头，她与一起分享这份净化心灵的孤独和石雕作品中体现出来的那种酸楚。

后来，米斯特拉尔开始对劳拉讲自己的诗，有时，把诗作的草稿拿给她看，她虽然是个小妹妹，但却能读懂米斯特拉尔的心，她天性善良，对米斯特拉尔的那种孤寂体会至深。

劳拉与米斯特拉尔的这段师生谊并没有因为时间的推移而消逝，相反，在米斯特拉尔的一生中，都有这份友谊陪伴左右。那就记住这个名字，劳拉·罗迪格。

还有一个带有喜剧色彩的人物，也出现在安第斯城，他是一位意大利人，一位货栈的老板，名字叫作圣地亚哥·阿斯特。

米斯特拉尔每天上班都要经过她的货栈门前，在他眼里，这个高个子绿眼睛的姑娘是那样的美丽而高贵，简直就是这个小城的女王。

但他对她不是很了解，他胆子很小，从不敢主动搭讪，以至于米斯特拉尔根本没注意到他的存在。但这位货栈老板总会自会多情，他常跟他贴心的伙计说："刚才，她趁我不注意的时候，偷偷地看了我一眼。"

伙计很清楚刚才的过程，米斯特拉尔只是不经意间的一瞥而已。于是说："人家看了你，你为什么脸红呢，我看你的女王陛下根本就没看见你啊。"

他这样，暗恋米斯特拉尔好几年，却一直没有说出口，直到她不再从门口经过了，他才去打听她的名字，她的去向，但那时，米斯特拉尔早已经不在这个小城了。

几年后，在冰天雪地的南国，米斯特拉尔收到了这个货栈老板的求爱信，但她根本就搞不明白，这个热情洋溢的人是谁，她不忍这个人失望痛苦，就写了封回信。很快，她又收到了这个意大利人的第二封信，收到这封后，米斯特拉尔对身旁的劳拉妹妹说："不管怎么说，我想了解一下这个人，也许我真的会嫁给他，这样被一个人爱，很美好。"

但这个可爱的意大利人可能命中注意没有这个缘分，在通信维持一段时间后，米斯特拉尔就远赴墨西哥了，在繁忙的工作中，米斯特拉尔没有把自己的婚姻放在第一位，他们的通信中断了，更要命的是，在米斯特拉尔的心中，爱情和婚姻好像根本就是两回事，她要的是缠绵悱恻的爱情吧。

但是，在安第斯城，我们的女诗人收获的不仅仅是友谊和一个可爱的暗恋者，更重要的是，她因为一首惊天动地的诗作而一夜成名，从而也开启了她爱情的心门……

6. 惊天动地的诗作

1914年12月，在首都圣地亚哥举行了当时文学界最重要的赛诗花会。加夫列拉·米斯特拉尔带着她在1912年，为自杀而逝的罗梅里奥所做的三首《死的十四行诗》参赛了。这次赛诗花会的评委是由当时比较有名的诗人曼努艾尔·麦哲伦·牟雷、文学评论家兼作家阿尔曼多·多诺索以及另一位文学评论家米格尔·路易斯·罗古安特组成。

22日，颁奖晚会在圣地亚哥大剧场举行，卢西拉毫无准备地去了，事实上，她还是那个清苦的女教师，没有像样的盛装，也没有一顶从欧洲进口的很多贵族妇女都视为高贵的帽子，她披着一块头巾，一如修女般素面朝天地参加颁奖大会了。

由于前两位评委的高度肯定，《死的十四行诗》获得了第一名。

当主席台上宣布这项殊荣时，她却事不关己地站在熙熙攘攘的走廊里，挤在一群少男少女的中间，这种场面她从来没有经历过，她有些胆怯，也有些怀疑，是自己的那首诗让现场沸腾了吗？舞台上的聚光灯属于自己吗？可自己怎么适合这样一个喧闹的舞台呢？她努力想要缩短自己与舞台的距离，但她还是没有勇气走上台去，她倒觉得那首诗的标题与现场的气氛实在不相符，好像在热热闹闹的婚礼现场开了一枪一样，她有些措手不及。

主席台上的颁奖人喊了三遍她的名字，她都没有应，于是，由评委之一的曼努艾尔·麦哲伦替她领奖并现场朗读了那首诗。

成千上万名观众沸腾了，有些人甚至为"花朵般的岁月"、"不再前行"而感动得热泪盈眶。

于是，那已经尘封了的爱情往事又被评论界大肆宣扬开来，那个可怜的罗梅里奥·乌雷塔从坟墓中走出来，成了爱情诗的主角。

其实，这段爱情留给人们所能探究的东西实在太少，除了几首伟大的诗作，和她后来写给曼努艾尔的信中所提到的一些细节，甚至没有一封情书，唯一可以称得上联系的，就是在罗梅里奥自杀后，人们在他尸体的上衣口袋里发现了她给他的明信片，那个年代，寄明信片是很流行的交友方式。

由于《死的十四行诗》的轰动，著名的文学评论家安德森·因贝特说："这是她第一次，也是唯一的一次爱情。"另一些人也说："这是一次无限的、极大的、火焰般的、血淋淋的爱。"由于评论家们的权威性，导致许多文章都在重复，于是，一个伟大的爱情神话就在人们的想象中诞生了。

1978年，在圣地亚哥的安德斯贝略出版社出版的《加夫列拉·米斯特拉尔的爱情书简》中，收录了1905~1906年间，米斯特拉尔写给庄园主阿尔弗雷多的几封情书；还有33封写给第三位恋人曼努艾尔·麦哲伦的，唯独没有这个"唯一的爱人"罗梅里奥的。这个结果才摧毁了人们想象中的爱情神话。但这个神话因为诗歌本身的魅力仍靠着惯性，以超自然的姿态一直流传着。

米斯特拉尔曾否认过这段爱情，她认为人们对爱情故事愈演愈烈的源头是那张明信片，而明信片又能代表什么呢？给作品带来灵感的，不是罗梅里奥。

有位评论家这样说："不管那个年轻人是谁，也不管他长得什么样，叫什么名字，他的为人如何，这都不重要，重要的是他能引起这么强烈的爱，如此美妙，如此热切，如此持久，如此温柔，又带着如此绚丽的花环，在西班牙语中还未曾有过。"是啊，何必费时间去探究那若有若无的爱情故事呢，如果加夫列拉·米斯特拉尔曾有过这段人们传说中肝肠寸断的爱情最好，如果这只是一个神话，那这个变成了文学人物的罗梅里奥也应该庆幸，他的生与死，都因米斯特拉尔的妙笔而得以永恒，永远为世人所传诵。

但不置可否的是，《死的十四行诗》，像一首惊天地泣鬼神的哀歌，把一颗疲惫不堪的心描述得淋漓尽致，回想那首与《十四行诗》齐名的《祈求》，如果人类的爱情如都能如此凄美动人，那唯一和永恒就不再遥不可及了。

7. 史诗般的爱恋

在颁奖晚会的现场，加夫列拉·米斯特拉尔被朗诵者曼努艾区·麦哲伦那富有磁性的声音而吸引，她似乎忘记了"骨骼中的钙质"、"衣裙上的丝带"、"耳旁的细语"，而全心全意地爱上了这个诗人。

是啊，距离1909年11月25日的那声枪响已经过去五个年头了，那朵由曾经的爱人用钙质与骨骼滋养的玫瑰，也是一个有血有肉的生命啊，她有权利再去爱一个人，可这个人值得她爱吗？

曼努艾尔·麦哲伦·牟雷的确是个美男子，他在1878年11月8日出生于拉塞雷纳市，父亲也是一位诗人同时也是一名律师，四岁时父亲去世，十九岁慈母也离他而去，他便于兄姊移居到圣地亚哥，他首先进入国立学校，但中途退学，转入艺术学校读书。早在1896年，他就给杂志撰稿，笔名塞维罗。有时他还会亲自绘一些色彩丰富的插图。

他高高的个头，宽宽的肩膀，面色白皙，蓄着好看的髭须与耶稣一样的美髯，正如米斯特拉尔形容的那样，漂亮得像个阿拉伯王子。他性格外向，衣着考究而时髦。他的朋友说他严肃而优雅的模样很讨女人们的喜欢，不幸言中的是，24岁的米斯特拉尔就被他高雅的气质所折服。

他的家在圣贝尔那多镇，是一幢漂亮的白色小楼，保留着古老的建筑风格，没有时髦的现代气息，很富有艺术情趣，一条忠实的猎犬守在门旁，是那种不张扬的贵族家庭。

当时，他已经很有名气了，一些优秀的诗篇也广为流传。比如充满爱国激情的《国旗下》，还有鼓励民众运动的《新马赛曲》。

可更重要的是，他是个有妇之夫，他的妻子是比自己大10岁的表姐。他最初写的诗也都是献给他表姐的，1902年，他发表了第一部诗集《多侧面》，1903年，他与钟爱的表姐成婚。所以，米斯特拉尔与他的爱情注定是无果的。但米斯特拉尔却爱上了他，当颁奖礼结束后，她去后台匆匆从曼努艾尔的手中接过金质奖章与一项桂冠，她把鲜花留在了他心爱的人手里，然后，逃也似的离开了。

躺在床上，她的脑海中浮现着那个帅气的身影，耳边也不断回响着那富有磁性的声音。虽然她早就读过他流畅轻快的诗歌，也知道这个广为人知的诗人乐善好施，多才多艺，但那时所知的一切离自己都那么遥远，仿佛他生活在一个高高在上的宫殿，与己无关。现在不同了，他读了她的诗，他对她的诗给予肯定，他们之间有了诗的关联，也许也有会一段浪漫的姻缘吧。米斯特拉尔怎么也睡不着了，她起身，给曼努艾尔写了一封情意绵绵的情书。信中说：

"颁奖礼的现场，我去了，不是为了得到人群的掌声，只是为了听您的朗诵。"

可见，他的声音是多么地打动她。她字斟句酌，掂量着每一个字的分量，她知道这场爱情会遭到狂风暴雨的洗礼，也知道，很多障碍阻隔其中。

但正如她自己给朋友的信中所说："一次伟大的爱情犹如太阳燃烧着的巅峰，让最炽热而强烈的生命从中汲取营养，愿这样的人不在人生道路上枉过一生。"

她想要的，就是一次无怨无悔的真爱。

这封信深深地打动了曼努艾尔·麦哲伦，圣诞节那天，米斯特拉尔就收到了他写给她的一封亲切动人的回信。这封回信，无疑让米斯特拉尔激动万分，比获得了赛诗会的特等奖还要激动百倍。她这样形容自己拿到那封信时激动的心情：

"我说不出话，不能行动，甚至不能思考，我的上帝，这是一种怎样的荣誉啊。"

但曼努艾尔的亲切只是他的一种习惯，如他的诗一样，细腻温和，仿佛喁喁私语般让人心生温暖的情愫。而米斯特拉尔却忽视了这一点，她认为，一次轰轰烈烈的爱情已经到来了。她频繁地写着书信，向他倾吐她的爱恋。

同时，她的内心也矛盾交织着，一方面，她对自己的长相很不自信，另一方面，她对爱情中所要到来的肉欲充满恐惧，还有就是客观存在的，这个男人是有妇之夫。她的内心世界是一个永恒的战场，平静而完美的爱情始终离自己那么遥远。

对于米斯特拉尔一直不自信的外表，她最知心的女友劳拉·罗迪格这样说：

"她外表恬静，带有安详而威严的气质，既像一个山里的农妇，又像一个美丽的印第安姑娘，那双绿色的眼睛，仿佛像深潭嵌在一尊雕塑上，令人尊敬。"

米斯特拉尔却这样形容自己：

"我是一个贫穷而相貌一般的姑娘，我天生坏脾气，硬心肠，特别自私，生活使我这些坏毛病成倍地增长，我变得十倍的心狠、残酷。"

这是一种何等自卑的心理？一个支离破碎的童年竟然把一个才思敏捷的小姑娘折磨得认不清自己。

不管怎样，米斯特拉尔都不言放弃，她爱他，而曼努艾尔也被这个有诗意有才情的小姑娘所吸引，他记不起这个女子的容颜，但有着如此炽热情感的人又怎能错过呢。于是，他要求与她见面。

这可吓坏了米斯特拉尔，她感到非常害怕，她回信给他说：

"我不漂亮，你还会爱我吗？"

信发出去后她又后悔了，即便是曼努艾尔不爱她，又怎能与她说实话呢。但她自己也在心里盼着会面，最后，在毫无选择余地时，她同意会面，并提出了要求：千万别碰她，她害怕身体的接触。她这样做，并不是什么忸怩作态，也不是怕被这个男人征服后又遭抛弃，她有自己的爱的方式。

为了这次即将到来的碰面，她居然犹豫了三个月之久，就当马上成行时，她又恳求他："曼努艾尔，难道我们不能免了这次会面吗？"

这使曼努艾尔很疑惑，这究竟是怎样的一个女孩呢。一天，曼努艾尔生病了，他在病中写信，让米斯特拉尔给她幸福，这时的米斯特拉尔痛苦万分，她像一个母亲似的写信给这个大自己11岁的男人，告诉他生活要有规律，盖好被子，别在潮湿的地面行走，睡不着觉就数天上的星星……，话语极尽温柔。曼努艾尔很感动，再一次要求见面。

与此同时，米斯特拉尔听到了关于曼努艾尔的传言，说他的私生活很糟糕，身边总是围绕着不同的女人。虽然之前，曼努艾尔总是对米斯特拉尔说："我渴望性的呼唤，而你的肉体有点沉默"。而米斯特拉尔的回应是："我们只要精神之火的熊熊燃烧就可以了，你完全可以把肉体交付给别的女人。"但当她听到这个传闻，还是怒不可遏，她在1915年2月26日的信中说：

"我想咱们别在争论相爱的方法了吧，如果爱情就是像您断言的那样，那么一切就按您的意愿来，如果我把肉体与灵魂分开是严重的错误，那么我全部的美梦将会被生活压倒，我就会像您希望我的那样去爱。但是请您别在哄我了，曼努艾尔先生，请您不要伸出一只手，同时又留着一只手用来拥抱谁知道哪一个一闪而过的女人，我并不是玩一个'爱上一个诗人'的游戏，我也不能像绣绣花、写写诗那样把爱情当作消遣。"

曼努艾尔是米斯特拉尔忠实的听众，无论她怎样发火，怎样的火山喷发般地倾诉自己的情感，他都平和地、温柔地回复。这样的男人的确让人心动，正如米斯特拉尔所评价的那样：他的血液并不黏稠，他远离醋意和宿怨，他的身上凝聚了细腻。

对着狂怒的米斯特拉尔，曼努艾尔只轻轻地一句："请多给我几分温柔。"米斯特拉尔的爱就溃不成军，她无法去看望生病的爱人，又无法舍弃这份无望的爱情，她怨自己生不逢时，她不顾一切地对他说："让我们拥抱在一起吧，咒骂着生活的致命错误，让我们彼此深爱吧，因为这种罪恶感只有在深爱的忘情中才会消失。"是啊，面对一个有妇之夫，这种爱实在是痛苦和苍白。

恋爱中的米斯特拉尔无比的自惭形秽，她把爱人比做月亮，素馨花还有玫瑰，而把自己比做伸展在一块崎岖的土地上布满阴影的山冈，曼努艾尔在她的眼中无比的完美，而自己浑身污垢。有了这种思想上的差距，恋爱中的米斯特拉尔变得极度地敏感。

一次曼努艾尔去梅洛科看望生病的姐姐，可又没告诉她什么时候回来。这样一封简单的书信，使加夫烈拉的自尊心受到严重伤害，她认为这是一种惩罚，她言辞激烈地写了一封长长的声讨书："……曼努艾尔，我连给你系鞋带都不配，我是一个可怜的女人，我以自己全部的心希望你幸福，希望我的抚摸给你带来些许愉快，不过，大概连这一点也永远做不到。感谢你没有在纸上留下一片眼泪的湿痕，也没有任何怜悯的颤抖。"

她认为，他们之间就此诀别了。可不久，他又收到了曼努艾尔温柔的回信，她激动得哭了，她知道他还爱她。于是，她决定将把自己完完全全地献给他："我将以最深最完美的方式属于你，曼努艾尔，我从来没有像属于你这样地属于任何人。我再说一遍，以便这种幸福在我身上延续……你说，这种爱情的充分活力对于我来说近乎痛苦，你让我的汁液被大地吸去，而你不想吸吗？不，曼努艾尔，那将是一种疯狂。"

"你在我的裙边，当我亲吻着你时，我会让时间驻足，那将会成为永恒。我也知道，强烈的愉悦会使我飘飘然，我将从你那爱慕的口中获得最强烈的迷醉，这迷醉将流遍我的血管，我知道我将饮下一口幸福的醇酒，在我心荡神迷之际，我会变成你的延伸，曼努艾尔，我盼望从你那得到幸福。我盼望和你共度至高无上的时刻。这个时刻将在我的回忆中活上百年，我将从这神圣的境界中得到幸福，这幸福将伴随我余生全部的旅程……"

　　这也许是米斯特拉尔此生对"性"最美妙的设想了，她一直对性充满着恐惧，这也算是一种超越吧。但这种超越很快就被她自己推翻了。他们之间的鸿沟最终无法凭着感性的情爱去逾越。

　　于是，她逃避了。他们的书信中断了两年，两年之后，曼努艾尔给米斯特拉尔写信，告诉她，他的生活很悲伤。但米斯特拉尔冷静了许多，她知道，他的生活当中，不停地更换着女友，而他所谓的悲伤不过是想找她叙叙前尘往事，品味一下她独特的呐喊而已。她说："您上一封信好像是一块纪念碑……据我所知，您总是幸福地生活在爱情之中，也总是沉醉于爱情的萌芽之中，而我，只是一个放逐在生活之外的女人，您的柔情让这个女人爱上了你，但您却生她的气。"的确，这些年来，米斯特拉尔不可控地爱着这个男人，但这个男人却无比的多情，她身边的女人会让人眼花缭乱。

　　但米斯特拉尔倒尊重他的这种多情，她入木三分地分析他："所有的人都认定了您是好色之徒，您听清楚了，是所有的人，而我偏要和您在一起，我认为这种看法太平庸了，您有一个精巧的美好的心灵，我倒不相信您是一个玩弄女人的人，您不过是时时刻刻被感动，就好像有一种人，连大地的每种颜色都会感动他，或者使他产生爱意。您大概是一位心灵的风景画家，您经过每一个女人面前的时候，都会产生爱，然后享受着每一个女人，永远地投入，永远地自由，以不同形式让你们的爱情滑过……"

米斯特拉尔与曼努艾尔的通信持续了8年，直至1924年曼努艾尔由于心脏病发作在圣地亚哥辞世。

他的一生很顺畅，也很幸福，他认为生活就是故事，而人生就是梦样的浪漫多情。他的作品倒是文如其人，很稳重也很安详。不知道他的妻子是否知晓他与女诗人米斯特拉尔这场柏拉图式的爱恋，不过，据米斯特拉尔说，在这八年当中，她与曼努艾尔通信有几百封之多。而如今与世人见面的不过几十封而已。也许有人为了这两位优秀诗人的"名声"而好心地收藏起来，但也有可能被这位沉默的夫人付之一炬，谁能说得清呢。

这些与世人见面的书信是1978年，一个沉迷于收集书信的人——塞尔西奥·拉腊因提供的，在女诗人去世后20年，才将它们公之于众，这段隐蔽了多年的爱情也得以让世人知晓，从此打破了诗人与自杀了的罗梅里奥的唯一的爱情神话。

这段柏拉图式的爱情以书信开始，又以书信结束，如一篇长长的史诗，记录着诗人的喜怒哀乐，把一个多情的、矛盾的又充满激情的女子载入了爱的史册。

第三章　寒冷的麦哲伦

1. 自我流放式的逃遁

　　1918年，米斯特拉尔的异性知己佩德罗·阿吉雷·塞尔达经过不断的努力，成了智利共和国司法与国家教育部部长，他的胞弟路易斯·阿吉雷·塞尔达是个医生，他在智利南部巴塔哥尼亚地区的麦哲伦省行医。据他所知，在智利最南端的城市麦哲伦的省会彭塔阿雷纳斯的女子学校办得一团糟。佩德罗承诺过要为米斯特拉尔做些什么，于是，就任命米斯特拉尔为该校的校长，以期帮助米斯特拉尔提升自己的教育地位，最重要的是，他看中了米斯特拉尔的能力，他相信，她的到来会改变该学校的窘境。

　　可笑的是，当时的共和国总统胡安·路易斯·圣富恩特斯（1858~1930）竟然反对任命卢西拉·戈多伊·阿尔卡亚迦为女校长，因为，据他所知，这个任命是给加夫列拉·米斯特拉尔的，原来他不知道这两个名字其实是同一个人。

　　加夫列拉·米斯特拉尔接受了总统与国家教育部的两项任务，一是重新组建学校，二是推进麦哲伦地区的智利化进程。

　　而此时这个适时的任命，对于米斯特拉尔来说，却是一种难得的逃遁。她要离开与曼努艾尔这段无果的爱情，开始新的生活。

　　然而，遗忘是一件多少有些痛苦的事情，虽然她从温暖的小城来到了冰天雪地的巴塔哥尼亚地区，可回忆仍然折磨着她。好在，随她而来的有劳拉·罗迪格。这个雕塑家小妹妹是以米斯特拉尔女秘书的身份一同来到彭塔阿雷纳斯的，在这里，她陪同加夫列拉·米斯特拉尔度过了两年难忘的时光……

此时的曼努艾尔，并不知道加夫列拉已经被自己"流放"，他在温暖的家，过着宁静的生活，甚至他最好的作品都是在这一时期创作出来的。他的内心还牵挂那个挚爱他的女诗人吗？答案是肯定的，从他的诗句中，仍流露着对这个敢怒敢言，爱恨交织的女诗人的眷恋。

这两年当中，他们不再书信往来，那些唇枪舌剑的日子留下了创口，需要时间来弥合。米斯特拉尔把一切精力都投入到工作当中。

她把上级机构分派下来的任务熟记于心，但实现"智利化"是何等艰难。

这荒凉冰冷的彭塔阿雷纳斯才是智利的"天尽头"，一百多年前，这里还是一片没有人烟的处女地，自1520年航海家麦哲伦发现这片土地到现在，有多少人曾想在这里建一片垦殖地，但终因南极的寒风而没有立足，直到1843年，智利获得独立后，在此修建了一个港口，一个名字不算响亮但却颇具影响的港——饥饿港。虽然这个港口被搁置了6年，但1849年这里终因有了港口而开始建设，1852年6月，政府将此地命名为彭塔阿雷纳斯城，它濒临麦哲伦海峡，是麦哲伦省的省会，也是世界上最靠南的一个海港城市。在巴拿马运河开通以前，有许多船只停靠这里，加煤和补充其他给养。直到19世纪下半叶，垦殖者们才来到这里，用血与火征服了这块荒漠的土地。

而此时，这片土地再也不属于最底层的劳动者，而属于那些有钱有势的庄园主和外国人，凭着圣地亚哥的支持，他们独吞外汇，挤垮小庄园主，逼迫他们出卖自己为数不多的地产和牲畜。他们以履行"文明的职责"为名，用最直截了当的方式消灭本地居民，据说一英镑可以买一只印第安人的耳朵。

而在圣地亚哥，政府又是怎样推进"智利化"的？政府要员把土地证分发给他们的亲友或大选中出过力的人，这些受惠者在大街上就可以出卖这些土地证，他们连麦哲伦省都没来过就发了大财。

巴塔哥尼亚地区因为荒凉辽阔还成了政治犯的流放地。当那些被捕者与妻子告别时，用披肩捂着手，省得妻子看到那冰冷冷的手铐。

这样一来，这里的贫富差距大得惊人，有一位英国的庄园主拥有39万公顷的土地，他住在网球场旁的花房里，养着印度兰花，长得跟原产地一样好。他雇佣的工人和仆役都是英国人，就好像生活在一个缩小的英国。

让加夫列拉·米斯特拉尔感到惊喜的是，她看到一些工人组织，如麦哲伦工人协会就在蓬勃发展，他们已经有了自己的报纸叫《劳动报》；还自发地开办了一些白天或夜晚学习的夜校；建立了医疗、法律与服务机构；他们开展戒酒、扫盲等活动。

可当地政府是为新财团服务的，他们不断地残酷迫害工人协会。庄园主的报纸每天都连篇累牍地攻击这些敢于打破旧秩序的人，他们要求逮捕这些"捣乱分子"。当局调来正规军增援驻军，要改造这些所谓的"寄生虫、'释放出来的囚徒'、虚伪的救世主……"，他们把这些积极向上的组织说成是不断蔓延毒汁的无政府主义。

米斯特拉尔很快都明白了这些真相，她该怎么办？用棉花堵上耳朵吗，蒙上眼睛躲进学校吗？不，她是属于下层社会的，她不能装成瞎子，她决心为工人做点事。于是，她义务开办了一所工人夜校。这本来应该是一件引人瞩目的创举，但当时并没有引起人们过多的注意，这是一所免费向工人开放的学校，她和她的女教师、女学生一起做这件有意义的事，好像戴上了苦行者的荆冠，在这长夜漫漫的土地上前行。

渐渐地，米斯特拉尔的夜校出了名，她的身边吸引了各种各样的人，有些人甚至是被警察登记在册的政治犯。他们上完课最快乐的事情就是跟女教师聊天，一聊就是几个小时，她的话的确令人着迷，她讲各种传闻轶事，关心学生们的命运，她毫不隐瞒自己的观点，对这些属于社会底层的人极尽关爱。

在夜校开办不久，尖锐的社会矛盾导致了一场大屠杀，米斯特拉尔亲眼看见1919年1月在纳塔莱斯港进行的大屠杀，那些穿着制服的杀人犯，高呼着国家主义来强调他们享有特权的神圣性。他们把嗜人祭披上华丽的外衣，他们用腐臭的陈词滥调说：工人是没有灵魂的，只有资格死去，还有很多土著居民直接死于枪下，没人管他们在物质和精神上有何需要。

这些不公正、不平等的事件让米斯特拉尔无比愤慨，特别使她震惊的是孩子们的身心健康受到严重的伤害。这个地区的肺结核发病率令人咋舌，排在全国第一。

可凭她一个柔弱的女子，一己之力如何能挽回这种令人痛心的社会现象，她知道，这里是冰天雪地的地狱，而国内的其他地方又会好到哪去，同是一个政府，只不过自然环境不同而已。她这样说："我知道，在那些秀美的中央谷地，社会的不良状况也会存在，不见得比这里更好，然而那些地方的人们虽也陷入贫困之中，但在夏日的白杨荫下，在春天和秋天都长长的收获季节，他们还是很富有的，可是，这里没有春天……"

这时，她才体会，上级派她来这里使麦哲伦"智利化"是何等的荒谬，这是连上帝都撒手不管的地方，她又能怎样呢？

她亲眼看到，那里的人民群众的生活是围绕着资本家的利益而运行的，他们不懂得全权交易，只知道受苦受累，而这些人民群众才是国家的肌体。而被派到这里的官员都掰着手指数着还差多少时日才可以离开这个鬼地方，他们在有限的当权时间里，极力亲近那些资本家们，弄到一块恩赐的土地后，从此走上了富裕之路，谁人来管人民群众的死活啊。而所谓的"智利化"，获得丰厚利益的还不是那些大地主，大资本家呢。

臭烘烘的城市监狱里，关押的全是穷人，那些不肯屈膝拜倒在黄金面前的人，那些要求得到正义与面包的人都成了囚徒。

据劳拉·罗迪格回忆，在她们的夜校里，曾遇到这样一件事：

一天，在夜校里，大家都在专心致志地听米斯特拉尔讲课，坐在加夫列拉身边的劳拉看到一个浑身水淋淋的人在给她打手势，好像在恳求什么或是询问什么。于是，她悄悄地走过去，在过道里见到这个人，这个浑身湿透的汉子瑟瑟发抖地向她说："警察在追捕我，好心的姑娘，救救我"。劳拉什么也没问，带着他顺着长长的走廊向前走，把她引到通往楼顶的入口，让她爬上去。劳拉回到大厅，米斯特拉尔还在那里讲课，劳拉贴近她的耳朵告诉她："有一件十分紧急的事，需要您立即做出决定"。

米斯特拉尔立即收住了话茬，结束了那堂课。劳拉三言两语说明了情况，并告诉米斯特拉尔："我们是女子学校，这里躲着个大男人实在不合适，我看这样，让这个人穿上女人的衣服，躲到别处去吧"。

米斯特拉尔断然拒绝了劳拉的主意："亏你想得出来。此时此刻警察肯定会在每一条街上监视、搜捕，这种情况，他绝对不能去冒这个险。"

于是，她们把这个人藏起来，一直等到大搜捕完毕，她们才放这个人出门。这个人感激地同这两位女人告别，米斯特拉尔连问都没问他一下，他就消失在茫茫夜色中了。整个城市只有米斯特拉尔与劳拉知道这个秘密。

在第二天的报纸上，她才得知，这个人是一个无政府主义者，他是被囚禁在一条船上押送到这里的，在乌斯怀亚，他想去搭救一位被关押的名叫拉多·韦茨基的同志，当轮船驶到彭塔阿雷纳斯附近时，他从船上跳了下来。他是一位很有经验的游泳者，但也好不容易上了岸，可是轮船拉响了警报，警察在追捕他。

上岸后的他在黑暗中看到了一幢小屋，里面有灯光还有一个女人的说话声。于是，他推门进来，得到了米斯特拉尔的救助。

然而，这件事的发生并非偶然，米斯特拉尔越来越关注社会，她把自己和广大人民群众联系在一起，她亲眼看到那些江洋大盗在巴塔哥尼亚地区的所作所为，而监狱里关押的，无非是那些不听独裁者谎言的人们，最多不过是偷鸡贼而已。她忘不了那些被屠杀和追捕的人，还有那些上了七重锁的囚徒，那些虚伪的慈善家不断地重复着自己编织的谎言，最终说服了自己，然后操纵报刊将自己吹捧为无冕之王。米斯特拉尔心中燃烧着一团烈火，她决心为美好的事物和正义的事业去奋斗。

2. 母性的善举

虽然在巴塔哥尼亚地区苦难的历史上，加夫列拉·米斯特拉尔只是个悲伤的过客，但她仍然竭尽所能地为那些最底层的劳动人民谋福利，为他们争取最基本的生存权益。1919年11月第6期的《米洛依》杂志上，发表了她写的一篇文章，这篇文章的主题是希望延长孩子的假期，不应当在这个寒冷的季节让孩子们到供暖极差的教室里挨冷受冻，因为有一位多德斯博士曾对市属的两所学校进行调查，其中一所学校百分之百的学生都患有发育不良症，而那是支气管和淋巴疾病造成的，而另一所学校，比例超过百分之九十。虽然她的这个看法得到了工人报刊的支持，但最终还是失败了。当地政府及私人教育机构给出的理由令她寒心：孩子们应该利用大好时光在田地里干活，这样才能在经济上帮助他们的父母。

可米斯特拉尔痛心地看到，那些帮忙收羊毛的孩子，只得到一点点可怜的钱！

她痛苦地自责："我这个可怜的女人，除了上我的那些课，去监狱里探望犯人，去医院里看望病人，我还有什么事可做"？

她常说：我是属于工人阶级的，我对工人阶级寄予厚望，我全心全意地热爱他们。

她这样说，也是这样做的。她多么想创造奇迹，像耶稣变出许多鱼和面包一样，她能拥有许多玩具、甜食、衣服和鞋子供那些可怜的孩子们享用。

1919年圣诞节前夕，她和劳拉亲自去买好60份礼物，准备分发给孩子们。

她们彬彬有礼地向周围的邻居们发出邀请，希望他们的孩子能在圣诞节那天来取一些小礼品。

可意想不到的是：圣诞节那天，那些小客人们纷纷来领取礼物，但哪里六十人，简直是一支没完没了、坚忍不拔的游行队伍，他们一副惨相，穿得破破烂烂，冻得哆里哆嗦，面色苍白。他们的眼睛都睁得大大的，不知是渴望，还是因为严重的肺结核病。

看到来了这些人，米斯特拉尔和劳拉心头一颤，她们的想法太乐观了，这里的贫穷大大地超出了她俩的想象。看来，礼物肯定是不够分的，但要命的是，孩子们还是像水一样涌来。米斯特拉尔没有办法，让孩子们排着队开始领礼物，有衣服、鞋子、毛背心、玩具还有糖果，可当领完礼物的孩子们高高兴兴地离开时，她俩面临着更多的孩子涌来却连一个糖果都没有的可怕局面，她们只好向孩子们如实相告，请他们转身回家。

但更让她们想不到的是，那些孩子们的母亲和大一点的孩子开始抗议，说她嘲弄他们穷，不肯离去也不肯罢休。

这时，一件意想不到的事发生了……

当这些没有领到礼物的人们在这里愤怒、哭喊的时候，一辆半拉着窗帘的汽车驶来了。从车上下来一个男人，她们并不认识，只看见他向空中抛撒大量的小额纸币，渐渐把这些完全没有理由生气的人引走了。她们最终也没能弄清楚到底是哪位善人之举，或者是那个虚伪的慈善家对她的讥讽。但一切终是恢复了平静。

此时，米斯特拉尔感到了一丝绝望，她满足不了她热爱的孩子们，美好的臆想又一次被严酷的现实击碎了。

第二天，她在《南极智利报》上发表了一篇署名的公开信，信中说：她是想给孩子们上一堂怎样施予仁慈的课，而不是奢望以一己之力解决全城的贫困，但通过这次经历，使她终于明白，真正的慈善行为是很有限的。接着，米斯特拉尔又在《米洛依》杂志上撰文，揭露那些拙劣的慈善家，说他们好比是黑色小说中所描写的乡巴佬，从表现上看，他们有一颗金子般的心，实质上，他们的内心却是钱铸的。杀人凶手、江洋大盗都会装成善人，向杀害了人家丈夫的寡妇献一束鲜花就了结了孽债。他们干的是非法的交易，走私货物，向权贵行贿。拿剥削穷人的钱在公众场合向穷人施舍，是为了做给别人看，让人宣传的。一些所谓的慈善家还在贫民区修建劣质的不利于健康的房子，用房产生意赚钱养肥自己，从教堂里做完弥撒出来向乞丐抛一枚硬币，便觉得心安理得了。他们明里宣扬道德，暗地里积累财富，富人区纸醉金迷，而学校里却经济拮据。

米斯特拉尔认为这种伪善的行为不符合基督精神，她要让人们听到真实的声音。

从此以后，她不再局限于爱情诗作，而要对这种丑恶的现象抨击，她要为已经死去或将要死去的孩子们争取权益，她在杂志上高呼"救救孩子"！她深刻地分析道：

"土地的拥有者们造成了大量的结核病患者，他们太堕落了。他们提供给工人和学校的宿舍和校舍太过糟糕，缺少空气和光明的环境给广大人民带来了无比的痛苦。他们到医院或监狱前去探视，这好比做活体解剖一样，让人觉得可怕。"

1920年《麦哲伦报》也发表了她的一篇社论："当国家显得很大方，用20万比索为麦哲伦建立军营时，却不记得女子学校还有其他的一些学校办学条件极其恶劣，不利于学生们的成长，不利于教学，这些房子对儿童的健康构成威胁。"

诚然，米斯特拉尔在麦哲伦是不受欢迎的，虽然她也曾与该城有代表的人物——一些新贵有过接触，但从他们内心深处，很难接受一位像她这样的诗人。他们很礼貌地接待她，很客气地与她告别，关于她的传闻和名气，他们也可能听说过，但是不一定读过她的作品，他们眼中，她不过是一个抽烟的教员而已。他们甚至认为，一个妇道人家，怎么可以讲出那些可怕的言论，她那郁郁寡欢的性格，不值得她们付给她黄金一样的英镑，他们不允许她揭露这个地区的真实情况，更想把她封闭起来，像关在圈里的羊一样。

于是，她所有的努力在强大的资本家面前显得那么的微不足道，但起码，这是一种声音，这声音终会打破沉寂的夜空，让暗夜隐去带来光明。

3. 用诗去爱大自然

彭塔阿雷纳斯的夜寒冷而漫长，风雪交加时，昏暗的路灯下就会杳无人迹。此刻，人们都待在家里或酣睡或玩耍，而女诗人加夫列拉·米斯特拉尔却忙着备课、写诗，那个天才雕塑家的女友劳拉为《米洛依》的杂志画着插图，并用心地照顾着这个良师益友的女诗人。

劳拉是米斯特拉尔最忠实的读者，不管女诗人同不同意，她都要读她所写的任何作品，有时候，米斯特拉尔不满意某个作品，就会哗哗两下撕碎诗稿仍进纸篓里。劳拉就会一声不响地把那些手稿拾起来，修补整理好，像拼七巧板似的去拼那宝贵的稿纸，她除了在女子学校任美术老师外，还担任米斯特拉尔细心的女秘书。

她像米斯特拉尔的守护神，忙忙碌碌又默默无闻。

当她听到米斯特拉尔叹息着"怎么撕掉那些手稿"时，她就会出其不意地把那些复原的稿件交到女诗人手里，女诗人真是高兴极了，好像故去的亲人又复苏了似的。她从心底里感谢这位小妹妹。就这样，劳拉·罗迪格前前后后共给她40个复原了的笔记本。这些诗文经过米斯特拉尔的修改补充，最后都形成了一部部经典之作。然而可惜的是，有一次米斯特拉尔把诗稿扔进了麦哲伦海峡，劳拉又急又气，恨不得跳进海里，但她只能眼巴巴地看着那些纸页漂得无影无踪，带走了永不再来的那一刻灵感。

米斯特拉尔嗜书如命，所以，她在来到麦哲伦之初就开始创建图书馆，虽然周围气氛冷漠，人们无精打采，但她要与这种险恶做坚决的斗争，她给夜校里的学生介绍新书、好书，她说好书就是灵丹妙药，可以使人心明眼亮，使人的情操变得高尚，使孤寂的内心变得丰富。

她读雨果的诗，读《各个世纪的传说》，读戏剧家的剧作，她还受到挪威剧作家易卜生的剧作《波尔·英特》的启发，以女主人公索尔维格——一个对爱情忠贞不渝的妇女形象为题写了一首《索尔维格之歌》，诗中说："我看着年华不停地奔流，我看着生命不停地逝去，昔日的爱情啊，我还在等着你，大地上的道路千头万绪……"这个远离了爱情的女人，她的爱情诗的灵感居然来源于一本书。那个叫曼努艾尔·麦哲伦的男人，是否还会在她心中驻留呢？答案是肯定的，对于米斯特拉尔来说，他的身影无处不在，她拼命地工作，拼命地学习，拼命地写诗，原因之一就是拒绝回忆，她要挽救自己的灵魂，驱走那个本不该闯入的人。

当高尔基的革命小说《母亲》落到米斯特拉尔手里时，她如获至宝，一口气读完，她还读列夫·托尔斯泰的作品，读《圣经》、《神曲》，读充满力量的罗曼·罗兰的作品，于是，在寒冷的沉淀中，她的诗篇比以往更安静，更富有母性的柔美与温情。

在为孩子们争取权益的同时，她又多少希望自己能拥有一个可爱的孩子，给她唱着母亲的歌谣。可她是一个《不生育的女性》。寒冷与麦哲伦地区惨无人道的杀戮总会让她不寒而栗，她的心中积蓄的怒火无法排遣，她写下一行行作，虽然微不足道却有意抗争。

这个温柔与刚强并存的女人，在这寒冷的巴塔哥尼亚地区，体会着苍凉、愤慨、思念与孤独，日后她回忆起这段往事，总是自豪精神上的富庶，带给她许多灵感与体验，她的第一本著名的诗集《绝望》，就收录了在巴塔哥尼亚地区的许多作品，包括儿歌。她的儿歌质朴流畅，读起来清清凉凉。

她怕等级的隔阂冲淡母女之情，而她何尝不想成为诗歌女王呢？但她母亲病弱的双足已经无法踏上去斯德哥尔摩的路了——甚至任何地方。

有人把米斯特拉尔比喻成悲哀的花神，在她的笔下，大自然的种种现象都能牵到她悲凉而敏感的神经，把自己与大自然融合在了一起。

劳拉对米斯特拉尔这种不知倦怠的辛劳看在眼里，她知道，这严酷的自然条件、过度的辛劳都摧残着米斯特拉尔的健康，她经常劝她静下心来，放下工作，好好休息。同时，劳拉还尽可能地分担她的工作，由于米斯特拉尔兼任《米洛依》杂志的编委，有不少工作要做，劳拉就用打字机帮她誊清稿件，这个善良的姑娘知道，她的心灵受到了创伤，虽然她用繁重的工作来掩饰真相，但她想回到温暖的北方。

值得一提的是，劳拉·罗迪格，这个造型艺术的行家，她在工作之余为米斯特拉尔刻了一尊石像，她那么熟悉和理解米斯特拉尔，所以，这尊石像与其说是用凿子刻成，不如说是用心精雕而成。那是一尊何等传神的半身石雕：哀伤而肃穆，那半闭的双眼，凝重的表情，让观者体会心碎的味道，她裹着一层厚厚的披肩，抵御寒冷与世俗的轻浮，她栩栩如生，好像还在呼吸，这简直就是一座当代的痛苦女神。

米斯特拉尔望着知心好友为自己雕的石像，她忽然感觉也有责任重塑自己，一个小自我，一个大自我，那个大自我在等着自己转身，情爱固然可贵，但可贵的东西不单单只有情爱。

冬天已经这么久了，春天还会远吗？

第四章　从特森科到圣地亚哥

1. 告别

　　米斯特拉尔像与大自然作战一样，天越是寒冷，她越是不停地工作，把自己弄得筋疲力尽，她经常不经意地与劳拉说起自己的病痛。这样严酷的自然条件，加上她一天十来个小时的劳作，身心俱疲，达到了身体的承受极限，她的健康已受到了严重的威胁。

　　劳拉明白，米斯特拉尔依然被爱情的痛苦煎熬着，她根本就没有放下那个叫曼努艾尔·麦哲伦的男人。不只是寒冷的麦哲伦省与心爱的人同名，重要的是麦哲伦的身影从未在她心里消失过。她拼命地工作，想把他从心里驱走，但她越是刚强，他的形象就越发的温柔。只是经过了寒带的沉淀，她没有了那种喷发式的激情，仿佛生死恋人，铭记于心。

　　劳拉决定，不能让米斯特拉尔这么折磨自己了，她要帮助她回到温暖的北方。

　　于是，劳拉利用假期去了一趟首都。她来到了教育部，说明了自己的来意。

　　她很快找到了佩德罗·阿吉雷·塞尔达——米斯特拉尔的知心好友，他现任公共教育与司法部长。他与部里的人一同听了劳拉的汇报：

　　加夫列拉·米斯特拉尔女士已经在那个冰天雪地的巴塔哥尼亚地区工作两个年头了，她把女子学校办得有声有色，还成立了义务的培训学校，重要的是，她为推进麦哲伦地区的"智利化"做了最大的努力。当地有影响的报纸与杂志都在她的支持与帮助下办得有声有色。但作为一个女人，生活在那里实在是太艰苦了，她现在已经病痛缠身，每天靠大量的药物维持工作；前不久，阿根廷方面写来邀请函，希望米斯特拉尔去那里工作，并承诺待遇优厚而且工作的地点由她自己选择，可米斯特拉尔女士不愿离开自己的祖国，但劳拉说："我希望自己能在有限的生命里，多为祖国做些事；彭塔阿雷斯纳的交通极为不便，买药、买生活用品、去杂志社、去医院都要花费大量的时间；两年来，我们像孤儿一样，见不到亲人，朋友，如今亲人都年事已高，我们希望离他们近些，尽女儿的孝心，各位部里的领导，请体谅两位弱女子一片拳拳之心，我们想更好地为祖国效力，请批准我们的调动申请。"

劳拉说话时，显示出聪慧、真诚，并且带有一股特有的柔情，大家都被她说服了，同意米斯特拉尔调动工作。

劳拉私底下对佩德罗说："亲爱的先生，您是诗人的知己，我知道您为她做得已经够多的了，但您是不在乎这些的，快让她离开那个寒冷的地方吧。"

佩德罗无限感慨地说："是啊，该换换地方了，她怎么可以在那样的环境工作那么久呢？"

很快，米斯特拉尔就收到了佩德罗的电报，电报中他建议她去拉塞雷纳学校。但佩德罗也清楚，那个学校曾搞阴谋伤害过她，不知时间是不是已经抚平了她的伤口。然而正如他所料，米斯特拉尔很快就拒绝了，她对上一次的凌辱还记忆犹新，她说她不愿意再做"儿童世界的闯入者"。于是，佩德罗又问她，与特木科的女校长互换一下位置如何？米斯特拉尔没有表示异议，但她最希望工作的地方还是安第斯城，她喜欢那个宁静的小城。她真诚地告诉佩德罗，光凭自己的意志是战胜不了南方恶劣的天气的，而且，母亲健康状况不太好，离开了智利可能就不会再教书了。

阿根廷的《阿特兰蒂达》、《格拉菲科》等几份报纸，也有意让米斯特拉尔去做主编，可她只同意在智利为他们撰稿。

经过与官僚主义的一番较量，1920年3月19日，米斯特拉尔收到一份电报，教育部任命她为特木科女子学校的校长，并让她尽早赴任，因为那所学校正处于矛盾重重的状态。收到电报后，3月30日，她与彭塔阿雷纳斯女子学校新任校长做了交接，于4月5日，同劳拉一道乘奥尔科玛号轮船驶向温暖的北方。

在临行前的欢送会上，她向整个城市致谢，感谢这个城市给予她精神层面的很多财富。在此之前，她也说过："商业化的城市，无论是彭塔阿雷纳斯还是芝加哥，人们如果不相爱便相互仇视，那么，无论是集体生活或是个人生活，这里都是最糟糕的地方，即使人们相爱，也是特别含蓄，但这里，却是积聚精神力量最好的地方。"

就这样，她在两位好友的帮助下，离开了冰天雪地的南国，来到了一个温暖如春的城市，可这个城市，是不是欢迎她的到来呢？

2. 不友好的特木科

科木特在智利的中南部，米斯特拉尔甚至没来得及去看一看日思夜想的母亲，就走马上任了。

来到特木科不久，米斯特拉尔就发现，这里与麦哲伦地区一样，劳动人民承受着痛苦的迫害与镇压。居民的素质和文化水平，甚至还不哪彭塔阿雷纳斯。所以，撒播思想的种子显得尤为重要。

由于社会的动乱，家里经常有不速之客的到来，留给她和劳拉记忆最深的是一个被追捕的年轻圣徒，她俩把他视为上宾，因为她们一直很尊敬圣徒。

然而传言很快袭来，一些居心叵测的人经常用一些污秽的语言来污辱这位单身女子。于是，流言蜚语很快传遍了整个小城，这让米斯特拉尔感到很耻辱，生活在烦乱与挣扎中，她甚至不知道该解释什么，那些素质低下的人，几乎不读她的文章，她的处境很糟糕。

她想马上离开这里，一刻都不愿意停留。于是，她又写信给知心好友佩德罗，希望他能尽早把她从这块伤心地调走，短短数月，她却度日如年地等待着。

巧的是，加夫列拉·米斯特拉尔，在特木科不到一年的时间里，认识了巴勃罗·聂鲁达（1904～1973），这两位智利的文学巨匠在此相遇并结下了深厚的友谊，成为智利文学史上的一段佳话。

聂鲁达喜欢海，米斯特拉尔喜欢山，这两位山水之间的诗人在日后都相继获得了南美洲文学界凤毛麟角的诺贝尔奖，1920年的特木科也留下了令人回味的闪光瞬间。

当加夫列拉·米斯特拉尔到达特木科时，聂鲁达还是个少年，他瘦瘦的，面色苍白，他羞涩地将自己的诗稿拿给米斯特拉尔看，她看了以后，不住地点头，并加以赞赏。

这极大地激励了聂鲁达，并终生难忘。日后，这位与米斯特拉尔一样，都成为诺贝尔文学奖获得者的诗人曾回忆道：

"我早在故乡特木科就已认识加夫列拉·米斯特拉尔了，她后来永远离开了这个城市。米斯特拉尔那时已经艰难而勤奋地过了半生，她的外表像个修女，有点像领导一所严谨的学校的高级修女。"

的确，他们之间结下了友谊，没有任何人、任何事可以中断这种在相互信任的基础上建立的友谊。1936年，当聂鲁达的第一部诗作《居所》发表时，米斯特拉尔为他写了文章。

对于特木科的流言蜚语，聂鲁达这样说：

"在那些时日，她用精确、鲜明生动和简洁流畅的笔触写了几首关于孩子的散文诗，她的散文诗深刻动人，诗中描写了关于孩子从妊娠、分娩与成长的过程，于是，一些含混的流言在特木科流传开来。我十分熟悉那些铁路工人、伐木工人，他们是一群讲话直接、性情粗野而暴烈的人，他们往往词不达意，讲些没有恶意的粗话，甚至可能发些粗野的议论，但这些议论，却有损于她单身女子的身份。

她感到自己受到了伤害，而且这种伤害萦绕她一生。"

的确，正如聂鲁达所言，米斯特拉尔对此伤害一直萦绕于心。在几年后，当她的《绝望》出版时，她写了一篇长长的按语，其中都不忘提到特木科山区的人们对她的议论与流言。

在她获得诺贝尔文学奖之后，有一次，当她要路过特木科车站时，小学校的女生们在寒冷的雨水中捧着美丽的国花"戈比爱"等待她，而她却特意在夜间乘一辆货车通过了该车站，她不想接受这束戈比爱，因为她心灵的创伤始终没有愈合，触及会痛。

而聂鲁达的心目中，她却是那么的慈爱："她对我永远面含友好的微笑，那是在她那黑面包似的脸上，如同面粉发酵般绽开的笑容。"

值得回味的是，劳拉·罗迪格与聂鲁达也从此结下了深厚的友谊，当很多年之后，聂鲁达50岁的生日时，劳拉送给他一份别样的生日礼物——加夫列拉·米斯特拉尔《死的十四行诗》的铅笔手稿，他的诗集《只要有爱，就值得活在这个世上》有这样一段话：

昨夜，我收到第一批礼物。其中有劳拉·罗迪格带给我的一件珍品，我十分激动地把它打开来。这是加夫列拉·米斯特拉尔的《死的十四行诗》的手稿，是用铅笔写的，而且通篇是修改的字迹。这份手稿写于1914年，但依然可以领略到她那笔力雄健的书法特色。

我认为，这些十四行诗达到了永恒雪山的高度，而且具有克维多那样的潜在的震撼力。

此刻，我把加夫列拉·米斯特拉尔和鲁文·达里奥都当作智利诗人来怀念，在我年满五十周岁之际，我想说，是他们使真正的诗歌永远常青。

3. 给爱情一个借口

也许，流言的伤害让米斯特拉尔无力承担，她抑制不住自己的脆弱的情感，给她的生死恋人曼努艾尔·麦哲伦写了一封长长的信，从此，她们之间又有了剪不断理还乱的书信情缘……

那是在1921年，经过佩德罗的努力，米斯特拉尔终于可以离开特木科，这个短暂而永恒的伤心地，她被任命为圣地亚哥刚刚成立的第六女子学校的第一任校长。

于是，她与劳拉又来到圣地亚哥。

来到故地她才发现，所谓的"忘记过去"，只是一人自欺欺人的故事，她失败了。心灵的创伤，严寒中经历的肉体的病痛，还有一直挥之不去的那种深深的思念，都需要一个人去化解，这个人，如今近在咫尺。1921年4月10日，米斯特拉尔含着泪写了一封长长的信，信中说："我又回到了这片土地，当初我从这里走是因为你，回来时却找不到你。"

"在那片对于我的哭泣来说过于辽阔的原野上，你的心和我的心在那令人心碎的落日中伸展开来……我这样说：我爱一个人，他在我的心中，就好像羊群在草原上一样。……我会回去的，因为他在等待我，因为我属于他。……海鸟从这边飞来，是爱情使它们飞来。"

这封信让米斯特拉尔抑制了两年的思念之情倾泻而发，对着用心而作的信函，就好像抚摸着爱人的面颊，与两年前不同的是，她不再自卑，甚至为自己而感到骄傲。

曼努艾尔·麦哲伦也是今非昔比，他的私生活弄得一团糟。他性格中的浮躁与浅薄致使他中意的都是那些粉黛女人，他的政治生命也因为他的自甘堕落而岌岌可危。

但他还是礼貌地给米斯特拉尔回信，米斯特拉尔的心情矛盾万分，一方面她深爱着他，一方面，他又是让她如此失望。她写给他的信中充满了叫嚣、嫉恨与愤怒。仿佛母亲对不争气的儿子一样，欲罢不能：

"你看看我的生活，已经变得一团糟，已经变得不再纯洁，因为你已经使它堕落。你的某种毒素可能在我们的血液中流淌。我血液的鲜红来自你眼中的炽热，我再也强健不起来。你走路的疲惫也进入了我的步伐，我肌肉的紧绷来自于你的健康。……你失败了，我也失败了……

"现在你软绵绵地倒下了，你可以讲一个很得意的事情，以便让你的血管热起来，对陪着你过夜的女人讲'我一生中遇到一个真正的女人，就是在一个女王面前她也不必摘帽，因为她的冠冕里燃着火，那是痛苦的火，折磨的火……而我呢，只消看上她一眼，就主宰了她的生命。她把她的生命交给我，以便和我的生活一起铸成一个健康的、永恒的实体。可我喜欢游戏，游戏时打碎了她的生命，这碎片放在你这婊子的裙带间……'"

对于曼努艾尔的不温不火，米斯特拉尔愤怒到了极点，对于一个满腔热血又回来寻爱的女人，这种礼貌的冷漠胜过一场厮杀，她的言辞越发激烈：

"你变得渺小而可怜……，你的伴侣只是那个系着小围裙的、小眼睛涂涂抹抹、眼神狡黠的女人，或者那些像她一样的女人。而我，到你身边干吗？我将会闭上眼睛，在梦中去寻找另一个人，他强健而安宁，额上没有疲劳的皱纹，他也有完美的声音。"

对于米斯特拉尔这封信，评论家阿洛内给出了一个叫人意想不到的答案。的确有那么一个人，强健而又有完美的声音，那个人叫豪尔赫·休伯内，也是个诗人，他们之间也有过信函的往来，只是，休伯内的妻子将那些信笺弄丢了，谁也不能保证那些信是不是也会有一天公之于众，但相比于这段波澜壮阔的感情历程，还会有超越吗？

这些爱情书简剪不断、理还乱，只能说米斯特拉尔爱得很痛很深很无奈。

面对米斯特拉尔咄咄逼人的感情怒火，曼努艾尔终于给了她一记无声而痛彻心扉的耳光：我并不是打心眼里爱你。

米斯特拉尔沉默了，安静了。曼努艾尔好像察觉了这将会带来怎样的后果，他想方设法想要缓解一下，而且无限温柔地加上几个字"吻你的手"。

米斯特拉尔感到倍受污辱，让他把怜悯送给别人吧，她也有尊严，她的内心，燃烧的是即将要告别爱情的高傲。

一段史诗般的爱情以女主人公心碎的方式结束了，但她冷静地剖析了他们无法相爱的原因，她最后给曼努艾尔写过这样一段话：曼努艾尔，我为什么要带着一点知识分子的气息呢？我使我远离了村子里的人，而我们本该是那里的一部分，我与有文化的人离得那么遥远。……我几乎从来不把自己摆在哪个文明之举里面，但大多数人都不说我是野蛮人，因为我过着双重性格的生活：一种是人们让我过的生活，一种是我骨子里的生活，虽然只是一瞬间，你是知道的。但爱情冲破了虚伪的防线，为了爱情，我怒吼，我放弃了有教养人的举止……

米斯特拉尔用了八年时间，才搞明白，那个曼努艾尔不能爱她，也不想爱她。她甚至认为，自己的祖辈都是一些粗野的人，她的血管里流的就是这种血液，所以，她的爱情注定不能优雅、浪漫、高贵，只能是刻骨铭心。

她从孤寂的南方回来了，也许只为给爱情找一个借口，虽然爱还在，但爱情没有了，她是否会再次远行呢？

4. 圣地亚哥风波

当米斯特拉尔把全身心都投入到工作中时，她的身边出现了一场人事纠纷。

与她争当第六女子中学校长的那位女士的丈夫路易斯·卡斯蒂略，说新任的司法与公共教育部长阿尔曼多·哈拉米略·巴尔德拉马对米斯特拉尔的任命不公平，强烈要求部长下台。

这使米斯特拉尔很难过，她决定提出辞职而让部长留任。她甘愿做这场斗争的牺牲品，也不愿帮助她的人受到伤害。

于是，她向阿尔曼多·哈拉米略递交了一份辞呈：

卢西拉·戈多伊，刚刚被任命的圣地亚哥第六中学的女校长，特向您辞去政府给予她的这一殊荣，原因是这一任命而起了变故，为针对您的指责带来口实。为此，她特向您申请退休。她工作已满18年，从未受到上级的批评，因此有权退休。

　　此致

卢西拉·戈多伊

不久，她得到了部长的答复：

卢西拉·戈多伊：

　　政府无法接受像您这样的人的辞职，政府对您是完全信任的，所谓变故是完全没有价值的，政府不能因为这种事情就牺牲最具资格的官员以使得一个随便什么人的随心所欲而得到满足。

公共教育部长　阿尔曼多·哈拉米略

　　就这样，那些仇视米斯特拉尔的人阴谋没有得逞，但是，他们并没有善罢甘休。一名叫何寒菲娜·莱依德·卡斯蒂略的女教师指责米斯特拉尔没有文凭。米斯特拉尔这样回应她：

　　我是没有文凭，但这不是我的过错，是我生活的过错……一张文凭是对文化的证明，说到文化，我18年的教育工作是有效的，……您不了解我的教师生涯，我只用几行字来概括，证明我的生活确实是高尚——

　　我服从公务员的工作需要，舍弃了家庭与一切，自愿到麦哲伦省，整顿了彭塔阿雷纳斯学校。全城的人，从工人联盟到企业家，他们都会说我是尽责尽职的女校长。在特木科中学，原来那里由于内部矛盾而乱作一团，毫无秩序。政府把我派到那里，我使学校恢复了平静，那里的教师倒全是有文凭。

在您的明信片最后一段说我不要"滥用荣耀"。尊敬的朋友，我没有什么荣耀，如果我真有荣耀，人们就不会否定我的生活权利了。在这个国家，文学上的荣耀与教育上的荣耀同样是被重视的，人们知道尊重它的真正价值，并且懂得把有这种荣耀的人保护起来，使之免遭饥饿与流亡。我没有荣耀，但是我做出过贡献，现在南美洲不单只有工人和矿工，还有在艺术上的一点感觉，我为我们国家做了这一点事，就不应当我把排除在这个文化城市之外。

然而，最让她生气的还不只这些，居然有人说她野心勃勃，想与出身贵族的女士们平起平坐。米斯特拉尔直截了当地回复："她们说我跻身于贵族，这怎么可能？即便在他们当中有我崇拜的人我都尽量地回避，不过多地来往，我首先是位工人主义者，也是农民最忠实的朋友，我从不否认我对人民的亲切感，我的社会意识与日俱增。"

这样的言辞在当时是多么犀利，她坦率的性格如此，又能拿她如何呢。

当时有一位叫费尔南多·加西亚的诗人，他日后出任过劳动部长，她支持米斯特拉尔，并且说：他相信她有非凡的能力胜任中学校长的职务。时至今日，报界还在强调打破常规任命她的这件事，即使非要指控，也应当去指控那个把她派到彭塔阿雷纳斯的前任部长佩德罗·阿吉雷，也不应当指控她。可就是因为那里是冰天雪地的麦哲伦省，所以，没有吭声，而时至今日，这种攻击是不应该的。

还有一位教育部的部门主任，他以"惠特"为笔名，在《商报》上发表文章，以回答各种居心叵测的人对她的种种攻击与刁难。这让卢西拉很感动。

一时间，米斯特拉尔成了新闻人物，倒不是因为她写的那些诗，而是围绕着她任命问题而引发的一系列矛盾。她不愿意出门，觉得人们都在不怀好意、充满好奇地看着她，她认为这种事情很低级，很可悲，她的敏感及报界的"热情"使她受到了伤害。

圣地亚哥的气氛实在令她透不过气来，她感觉自己像个流浪的吉卜赛人，没有家。为了消除这种流浪的感觉，也为了能在这里生根，她在离圣地亚哥不远的地方席斯特尔和罗欧瓦勒买了两小块地，她希望能在工作之余，远离烦乱与喧嚣，在自己的土地上观赏安第斯山的风姿。

米斯特拉尔不同于聂鲁达，她喜欢山，她说："对海的热爱比山差多了。海不会安静，没有那种可以把一切交付于它的安静。海的喧嚣简直让我生气。而高山不同，她给予我勇气，让我镇静……"也许她安静而忧郁的气质就来自于这高山吧。

时间真是一剂良药，慢慢地，关于米斯特拉尔是否有资格担任校长这一风波终于渐渐平息了，她担当起了这个职务，每天排着队地接待来访者，但她依旧反感那些官气十足的傲慢之人，相反，对那些在饥饿中挣扎的穷人却无私地施予关怀，她在不卑不亢中特立独行。

"惠特"，那个帮助过她的部门主任成了她的朋友，她称之为"美好的精神同盟"，这个很有管理才能的朋友像个骑士一样，总是在米斯特拉尔受到伤害时，毫不犹豫地站出来，他对她说："我要学会写作，像记者那样，以便在报刊上维护您。因为光靠在部里维护您是不够的。"

米斯特拉尔深受触动，她在内心深处将曼努艾尔与这些帮助过她的男友进行了对比，她发现，曼努艾尔看起来温文尔雅，好像很有教养，但除了伤害她，什么都没有为自己做，但好像又什么都是正确的，正确得可怕；而眼前这个异性朋友，还有佩德罗，还有很多人，都不断地帮助她，不计得失地帮助她。她由衷地感谢帮助她的这些人，而对于曼努艾尔，她如山火喷发般的爱没有了，但那种爱宁静如山，却更久远。他在她的心里，永远是爱人，除了对"性"的恐惧，她的爱一点也不比别人少，而且更强烈。

　　转眼到了1922年，米斯特拉尔33岁了，对于笃信天主教的人来说，33岁是很有意义的年龄，因为主耶稣就是在33岁受难又复活的，终成为普度众生的救世主，那米斯特拉尔的33岁又将飘到哪儿去呢?

第五章　耕耘墨西哥

1. 远离故土漂向墨西哥

加夫列拉·米斯特拉尔很爱她的祖国，她的作品中描写大自然的诗歌和散文都流露出对智利这片土地的热爱，可她的祖国给予她的并不是一个温暖的怀抱，有些人蔑视她、贬低她、甚至诋毁她。但她作为诗人和教育家的名声早已穿越国界，传扬到拉丁美洲以及北美洲；她的社会意识和同情受压迫、受剥削者的立场也受到国内外一些有识之士的大加赞赏。何塞·瓦斯贡塞罗就是其中一位。

何塞·瓦斯贡塞罗于1882年出生于墨西哥的瓦哈卡，是一位很有声望的作家，他的创作不仅涉及文学，而且在社会学、历史学，特别是哲学方面都有很深造诣。他同时也是现任的教育部长，他邀请加夫列拉·米斯特拉尔赴墨西哥协助他做教育改革。这一邀请对米斯特拉尔很有吸引力。一方面她继承了父亲浪漫多情的性格，喜欢旅行；另一方面，就是逃遁，逃离失败的爱情，逃离恼人的漫骂。虽然此时曼努艾尔已远去巴黎，但他把失落留了在圣地亚哥，让米斯特拉尔独自吞噬着。

瓦斯贡塞罗的信中说，她是墨西哥人最爱戴的女人，赞扬她以生动的光辉发掘了心灵的秘密，给人民指引了道路。他不仅把她看作是文坛上的光荣，而且把她视为美洲劳动人民的代表。这份火辣辣的热情让米斯特拉尔感动。她去意已决。

1922年1月，智利国会议员新成立的共产党议员在议会上提出为即将远赴墨西哥的加夫列拉·米斯特拉尔支付一小部分旅费。这一提议遭到了右派势力的坚决反对。

他们反对米斯特拉尔的原因也很坦率，就是不喜欢她。国家的钱只能支付给富人，政府和议会只为政客和将军支付旅费，他们可以带着全家，包括女仆，到欧洲或美国去旅行。这位来自人民的女作家和教育家并不在他们的考虑范围之内。

在数月之后，当加夫列拉·米斯特拉尔已经到达墨西哥不久，何塞·瓦斯贡塞罗来到智利，拜访了当时的智利总统，这位大人物问道："你们为什么邀请米斯特拉尔呢？这里比她聪明的女人多的是。"瓦斯贡塞罗的回答是："我比任何人都坚信，智利最优秀的人此刻在墨西哥。"他的话在当时可能人们还不明白，不过，时间会证明他所言是多么正确。

可在此之后长达六年的时间里，智利都没有付给米斯特拉尔应得的退休金，她不得不拼命地为一些小册子写文章，卖文为生。

临行前的一段日子，米斯特拉尔陪伴在母亲身旁，祖母早已经辞世了，家里只留下了母亲孤独一人。米斯特拉尔多么想带着母亲一道去漂泊，可根在哪儿呢？她不得不面对无处容身的事实。

1922年7月，米斯特拉尔泪别了瘦弱的母亲，与知心好友劳拉乘一艘叫奥尔科马的轮船出发了，奔向那片长满仙人掌的国度。墨西哥的《至上报》于1922年5月1日发表了一篇文章说："如果没搞错的话，这位南美洲的女作家第一次出国，据我们所知，她尚未发表过一篇诗集，但是，她的优秀作品在整个美洲和西班牙都为人们所熟知。也许米斯特拉尔是美洲最伟大的女诗人。怎不令人想起索尔·胡安娜（17世纪墨西哥著名女诗人，是位修女）呢？以如此决然的方式她已经超越了她的国境，她的名字是建立在如此坚实的基础上的。"

看着那翻滚的浪花，米斯特拉尔第一次对海产生了敬畏，它的喧嚣带给她的是受人拥戴与片刻的安静，生她养他的土地在渐行渐远间变得模糊了，她擦一下眼角，竟有泪流下……

2. 繁忙的墨西哥

何塞·瓦斯贡塞罗与热情好客的墨西哥人亲切地接待了米斯特拉尔，把她视若神明。这种情景让与她在智利受到的冷遇形成鲜明的对比。对于米斯特拉尔来说，她在墨西哥的经历是全新的，和她一道从事伟大的教育改革的是一群出类拔萃的知识分子。

值得欣慰的是，在米斯特拉尔前往墨西哥的时候，智利诗人、小说家佩德罗·普拉多写了一封《致墨西哥人民》的信，呼吁尊敬的墨西哥人民"在她身边不要叫嚷，因为她在为平凡而战"。这个美好愿望的倡议只是安抚了米斯特拉尔受伤的心，而对于欢迎她的墨西哥人民来说，并没有多大必要。

米斯特拉尔看到，何塞·瓦斯贡塞罗对墨西哥革命体现出极大的热情，他全身心地投入到教育改革，他的名言是"为了我们的民族，要让精神讲话"。学生们极为拥戴他，把他视为自己的先锋。因为他代表着改革大学教育、促使政教分离和实现资产国有化的进步势力。他与合作者们组织人力大量印刷希腊与罗马的经典著作，在全国学校里免费发放，他要让青少年们成为有文化、有道德、有革命理想的新一代。这是史无前例的创举，这一切都是为了人民，特别是为了印第安人，其宗旨是：造就一个更加公正的墨西哥社会，要恢复哥伦时期的玛雅人、阿兹特克人、萨波台克人的文化，让他们的诗歌流传下来；同样弘扬当地的印第安文化，让他们非凡的创造力在手工艺、戏剧、音乐及舞蹈中充分表现出来。然而，为了使贫苦人民和印第安人能接受上述举措，必须先帮助他们扫除第一障碍，那就是文盲。因为他们当中绝大多数人都不认识字。

被称为"美洲新诗人"的卡洛斯·佩利塞尔十分崇拜何塞·瓦斯贡塞罗，把他称为自己的父亲，他写了一首歌颂何塞的诗，将他比喻成"播种者"。

米斯特拉尔很喜欢这个年青的诗人，他热情奔放，自发地站在了扫盲大军的前列。

瓦斯贡塞罗还为米斯特拉尔介绍了与她一样为了此次教育改革，远道而来的两位同行，一个是多米尼加共和国总统的儿子恩利克斯·乌雷尼亚，他是作家兼文学评论家；另一个是作家卢文·阿索卡尔，他是米斯特拉尔的智利同胞。恩利克斯·乌雷尼亚负责大学的交流与发展，加夫列拉·米斯特拉尔负责创建学校与图书馆……

有了明确的工作目标，米斯特拉尔与这些同行们一起，开始到墨西哥的各个州去考察，他们给对文化如饥似渴的人民送去经典著作、举行讲座。在革命过程中建立起来的"人民大学"实际上在1920年就基本上停止了工作，但凭着留下来的底子，米斯特拉尔与她的伙伴们又使它活跃了起来。他们组织了社会科学协会的人演讲，讲师是教师、作家、艺术家，讲座所涉列的题材十分广泛，有政治、数学、语法、地理、历史、天文及卫生防疫，这些讲师们以饱满的热情与工人、农民谈话。这样的讲座受到大众的热烈欢迎，举办的次数高达2850次之多。

与她同步工作的是一群了不起的墨西哥画家，他们是——迭戈·里维拉、何塞·奥罗斯科、大卫·阿尔法罗等人，他们画壁画，掀起一场墨西哥壁画运动。他们把艺术带到了街头，普及到广大人民群众中，而壁画的内容是经过重新审视的历史与热情奔放的现在，并展望光辉的未来。最重要的是，这里重现了印第安人不为人知的光辉历史，而这段历史本应成为印第安人的骄傲。

这群优秀的知识分子特别想做的另一件事就是建立公共图书

馆，这是米斯特拉尔一直所期望的，早在麦哲伦省她就努力地尝试过，但一个单枪匹马的女人如何能做到呢？此刻，能建一个公共的图书馆，再苦再累她也高兴啊。

此时的米斯特拉尔居住在乡村学校里，她觉得好像回到了家，夜晚，万籁俱寂的田野让她心旷神怡，好像这里就是儿时的艾尔基山谷。她的眼睛再一次湿润了，她喃喃自语："18年了，我终于可以安心地工作了。没有钟声的催促，不感到经济窘迫。感谢上帝……"可这里却不是艾尔基山谷啊，她又嗔怪上帝：为什么自己不能在祖国的土地上施展自己的才能呢？

虽然远离了故国那充满阴谋算计的工作气氛，但米斯特拉尔还是惦念着故国的每一个角落。她给彭塔阿雷纳斯自己曾任职的那所学校寄去了一套墨西哥广泛发行的书，她说："我最喜欢的地方是图书馆，因为我是乡村的孩子，在那里我挨过饿，对书充满渴望。"

因为对自己儿童时代未能读书的遗憾念念不忘，她极力主张建立农村学校，在墨西哥，她欣喜地看到一个个乡村学校的落成，此情此景，与托尔斯泰在俄罗斯、泰戈尔在印度看到的景象一模一样。她回忆道：在智利，若是谁被派往乡村学校，就像是对谁的惩罚，可在墨西哥，许许多多先进的知识分子都自愿把自己美好的年华贡献给农村的基础教育。

一天，何塞·瓦斯贡塞罗来到了米斯特拉尔任教的那所乡村学校，对她给予了很高的评价，并说：这需要宣传一下。于是，在他的倡议下，一份《小农夫》的报纸创刊了！这是份半月刊，米斯特拉尔任劳任怨地为这份报纸采编、撰稿。令她倍感欣慰的是，学校里的孩子们都热情高涨地支持改革，对于属于他们自己的这份报纸，更是尽心尽力，甚至不用告诉他们该写什么。

她参观各地的学校，包括师范学校，成千上万的有识青年经过一段时间的培训，被分配到土著居民聚集的乡村学校，使祖祖辈辈不识字的印第安人重见文明之光。

米斯特拉尔不断地活动在教师、农民、工人及儿童中间。经常参加教师代表大会、儿童大会、农业工人代表大会。据劳拉回忆：1922年的一天，米斯特拉尔参加一个农业工人代表大会，她没有打招呼，是悄悄进入会场的。但是她还是被工人们认出来了，大家向她发出欢呼，邀请她上主席台讲话，虽然她一再推辞，但盛情难却，她只好向主席台走去。这时人群中有一个人大声喊："我要拥抱一下这个美丽的夫人。"米斯特拉尔听到喊声，毫不犹豫地走回人群之中，去接受那位呐喊者的拥抱。此时人群中响起热烈的掌声和欢呼声，现场一下子沸腾起来。一个身材矮小、似乎还带着泥土的农民迎面跑来，激动得一下子扑倒在她面前，似乎还在颤抖。米斯特拉尔用美丽的眼睛温柔地看着他，他却茫然不知所措，忘记了刚才大胆的呼喊。此时全场一片寂静，米斯特拉尔向前迈了一步，捧起他的脏手，庄重深情地一连吻了好几下，可那双手粗糙得像树皮一下啊。此情此景，这位农民还有现场的很多人，眼睛里都充盈了感动的泪。

正当米斯特拉尔为墨西哥如火如荼的教育改革倾尽全力时，她的第一本书《绝望》在美国出版，仿佛美洲大地上一道黑色的闪电，引燃了美洲人的热情之火……

3.《绝望》引燃希望

1922年的某一天，美国纽约哥伦比亚大学的教室里，36岁的西班牙籍教师菲德里科·德·奥尼斯正在为学生们上课，讲到最动听的西班牙语，他说：

"在智利，有一位女诗人，她用美妙的西班牙语写出了世界上最美的诗，美得让听者会在生死间穿越。"

这激起了学生们强烈的好奇心："老师，如果真的如您所说，南美会有这样一个伟大的诗人，那请您现场朗读她的诗歌。"

于是，菲德里科深呼一口气，声情并茂地为学生们朗读《祈求》与《死的十四行诗》。

那些惊天破石的诗句让课堂上沸腾了，大家纷纷喊了起来，"她是谁？""她在什么地方？"

"老师，我们要了解这个写诗的人，告诉我们，她叫什么名字？她写过什么样的书？"

"她叫加夫列拉·米斯特拉尔，她现在墨西哥进行教育改革，她还没有出书。"

"那我们可以把她的诗稿收集起来，出版成书啊。老师，您能联系到这个女诗人吗？"

"好吧，我会把你们的愿望带给她。"

这位出生于萨拉曼卡的西班牙文学评论家和出版家，对米斯特拉尔的诗给予了很高的评价，他认为，这样的诗作被束之高阁或仅局限于小范围流传是对文化的亵渎。

于是，他在整理好书稿后，辗转联系到了加夫列拉·米斯特拉尔。女诗人在感激之余，为《绝望》写了后记，其中说道：

> 上帝，原谅我这本痛苦的书。那些觉得生活甜美的人也请原谅。在这100首诗中那痛苦的过去淌着血留在这里。在痛苦中，歌也染着血，这才使我感到轻松一些。我将这些留在我的身后，就好像把黑暗深渊留下一样。我要沿着宽广一些的山坡去往那精神的高原。那里将有一片宽阔的

光辉照耀着我的生活。在那里我将唱着希望之歌，就像一个富于同情的人曾祝愿过的那样，让我歌唱，以慰藉人们。在我30岁的时候，在我写《艺术家十诫》时，我曾许下过这样的愿望。

愿上帝与生活与我实现这一愿望。

1922年末，《绝望》在纽约出版了！这本书分成：生活、学校、儿童、痛苦、大自然、摇篮曲、散文等七个部分，散文部分包括学校、故事等。从这一目录来看，米斯特拉尔的这本诗集是经过精挑细选的。

这本书的成功出版无疑给米斯特拉尔带来了巨大的荣耀，虽然此前在各种报纸、杂志及《阅读课本》中都收录了她的许多诗歌，但那些零散的作品带给读者的心灵冲击毕竟有限，《绝望》中不同阶段的作品，更能体现作者耐人寻味的生活片段，它的读者既可以是年青的学生，也可以是中老年人，《绝望》成为20世纪拉丁美洲诗歌中最重要的一本书，是当代诗歌作品中最好的一部教材，哺育着美洲的莘莘学子，同时，也是最悲伤的一本，其中的华章如：《不寐》、《羞愧》、《信仰》、《悲伤》，特别是《祈求》和《死的十四行诗》更是不朽的传世佳作。

对智利本土而言，由智利人在智利写的诗歌竟然在美国出版，这无疑是一种讥讽，于是，圣地亚哥在惭愧之余，在1923年初出版了《绝望》的第二版，智利诗人、小说家佩德罗·普拉多为诗集作序。

若干年后，米斯特拉尔谈到自己被美国发现的这件事：

"一位西班牙教授，他高尚地投身于美国的西班牙语教学。一个伟大时代的落后者，一个伟大的名字，就像他所讲授的洛贝（西班牙文艺复兴时期的著名剧作家）一样，在16~17世纪间摇摆。可以说，他的一只脚踩在16世纪，因为他喜欢西班牙民间天才，他还可以补充说，他把另一只脚迈向文艺复兴，因为他在美国教书的使命使他这样做。"

是啊，这个西班牙语教授极力把自己的民族文化传播到美国，不仅仅是"使命"所能释然，他确实令人尊敬的文化旅人。

聂鲁达盛赞加夫列拉·米斯特拉尔，说她以无可比拟的诗歌激情为美洲打开了大门。1954年，他这样写道：

"《死的十四行诗》的巨大力量如此宏伟，其中浸透了她自己的历史，但如今，人们已经抛却了她内心的悲痛，成为我们美洲诗歌史上的重大事件而流传开来。带有安第斯山脉的水流与岩石的声音。一开头的几段有如火山的岩浆，我们屏住呼吸，感觉到将要发生什么，于是，有了跌落下的三行一段的诗句。"

瓦尔特·惠特曼的评论非常生动："我不是在念一本书，而是在触摸一个人。"

是啊，在那些悲伤的诗句中，浓缩了她全部的痛苦历程。然而也正如女诗人自己所承诺的那样，她要沿着宽广一些的山坡去往更高境界的精神高原，去呼吸一些清新的空气，看一看和煦的阳光，与不堪回首的过去告别。

《绝望》的成功出版，米斯特拉尔要感谢她生命中那些不离不弃的好友。首先是劳拉·罗迪格，在严寒的巴塔哥尼亚地区，是劳拉陪伴她度过人生最艰苦的岁月，并默默地帮助她捡回许多被撕碎的灵感，然后再整理成文，《绝望》中的很多作品，都是在那寒冷的南国创作而成的。

他还要感谢生命中那个不离不弃的保护神佩德罗·阿吉雷·塞尔达，是他的帮扶和支持让她的教育生命达到了阶段性的顶峰，从而造就了她视野开阔的人生旅程。

所以，米斯特拉尔在拿到诗集的第一时间，送给了劳拉·罗迪格与佩德罗夫妇。友谊即是如此，不需要时时记起，但永不忘记。米斯特拉尔就是这样一个知道感恩、珍惜友情的人。

忙碌的日子过得很快，转眼到了1923年，米斯特拉尔应邀参加墨西哥儿童大会，她对着所有的母亲说："墨西哥的姐妹们，哺育你的孩子吧，我们的民族就体现在孩子的身躯与精神里。

"你的鲜血呈太阳的殷红，是那么丰沛；你线条优美的身躯里藏着力量，表面上你们显得柔弱，但你们却养育了最勇敢的胜利者、织织者、广大的工人、农民，人民在危急时刻需要他们。"

……

她引用瓦尔特·惠特曼的诗句：我对您说，没有谁比人的母亲更伟大。她最后说："墨西哥母亲，我的姐妹，我热爱你，你绣出精美的花朵，织出蜜色的草席；为葫芦涂上鲜红的颜色。你有如《圣经》上的妇女，身着蓝色裙衫，穿过田间，为浇灌农田的儿子或丈夫送饭。

"我们的民族将在你的儿子的身上受到考验；我们将靠他们得救，或由于他们丧生。上帝为他们安排的命运如此艰难，北方的波涛拍打着他们的胸膛。因此，当你的儿子搏击或歌唱时，南方的兄弟便将面向北方，即充满希望，又惶惶不安。

"墨西哥妇女：你膝头上摇晃的是整个民族，此时此刻，你的使命最为伟大，最为崇高！"

米斯特拉尔用最精准的语言赞扬墨西哥妇女和母亲，她把爱献给了广大的工人和农民。

同年，她为了教育事业的需要，选编了一部《妇女读本》，由教育部出版署在全墨西哥发行，首印两万册，之后又数次印刷。同时，她也写了大量的诗歌与散文，描写印安安人和他们的生活，描写墨西哥这个美丽的仙人掌国度，这是《绝望》之后的涅槃重生，加夫列拉·米斯特拉尔，从寒冷走向了温暖，从暗夜走向了光明，虽然她人生旅途依然漂泊，但所行之处更高远更广阔……

4. 墨西哥情怀

在墨西哥期间，人们常常和她谈论一个女诗人，索尔·胡安娜·伊内斯·德拉克鲁斯。对于这位杰出的女诗人，米斯特拉尔并不陌生，但如今，来到了诗人的故里，寻访她留下的足迹，对她来说，实在是一件幸事。

索尔·胡安娜是17世纪下半叶美洲殖民地文坛上的重要作家，也可以说是拉丁美洲女性文学的创始人，被评论界誉为"第十位缪斯"，15岁时，因为博学多才和美丽的容貌，被邀请入宫，成为侯爵夫人宠家的侍从女官，但她厌烦社交生活及王公贵族的百般纠缠，于16岁离开宫廷进了修道院。

在修道院的28年中，索尔·胡安娜把大部分时间都投入到文学创作和科学研究中，41岁时，由于身体健康原因，她被迫放弃了写作和研究，卖掉了藏书及科研仪器，将所得款项赈济灾民。44岁时因看护病人时染疾而逝。

一直以来，作为同样的女性作家，米斯特拉尔对索尔·胡安娜的生平、思想及著作都特别关注。她曾写过一篇《索尔·胡安娜剪影——学习心得片断》。她把索尔·胡安娜秀美的形象描述得特别传神：她长得秀美清纯，眸子里没有梦幻般的飘荡，也没有被激情淹没；她那鼻子非常秀美而不带一点色欲，嘴巴既不悲伤也不快乐。她有苗条的身材和俊俏的面庞。脸如杏仁，脖颈修长如素馨花，秀美的手垂放在黑色的桃木桌上。她高挑儿的个头，走路的姿势也一定非常动人，就像诗人马尔基纳所说："光辉长久地歇落在她的身上。"

米斯特拉尔总是不自觉地与这个非凡的修女做对比，觉得她们的心是相通的，仿佛隔世的孪生姐妹。她们都渴望知识，摒弃世俗男人的爱情，只是，索尔·胡安娜去了修道院，加夫列拉·米斯特拉尔却远离祖国，终生"逃遁"，唯一不同的是，米斯特拉尔有一个破碎的童年，而索尔·胡安娜却从三岁开始，就可以随心所欲地去读书，有一个幸福而充实的童年。

索尔·胡安娜与米斯特拉尔一样，写得最好的，就是爱情诗，这实在让人奇怪，一个没有经历过爱情的修女，怎能写出荡气回肠的爱情诗呢？有人说，胡安娜是因为爱情的破灭才进入修道院的，但凭她16岁即进入修道院来看，她的爱情怎可能开花结果呢？而她的爱情诗作却无限的温柔、精妙、仿佛因爱情生离死别过。那可想而知，加夫列拉那些让天地动容的爱情诗，又何尝不是孤寂的心灵独白呢？

米斯特拉尔从这些痛苦的诗句中，看到了之前的自己，于是她庆幸，她与她都成功地逃遁了，一个去了修道院，一个来到墨西哥，墨西哥有太多的美好可以让她淡忘爱情的不幸。

米斯特拉尔也从自己身边的同性身上，体验和认识了蕴藏在女性身上的柔情与母性。时光流逝，无论遭遇怎样的坎坷，她的诗歌经久不变的主调是爱意与柔情：对恋人、对孩子、对大自然、对无限广阔的人生。

米斯特拉尔是一个热爱大自然的人，在这个仙人掌与蛇的国度里，她尽情地抒发着对这块土地上无限的眷恋，那随处可见的仙人掌在她的笔下，成了有思想的巨人柱：

　　巨人柱像是贫瘠的呼声，像是干旱土地的干渴的舌头。即便是在灌区的平原上，他也是郁郁寡欢的植物。他那固执的肃穆宛如全神贯注的痛苦。

巨人柱形如蜡炬，又如挺直的臂膀，于是便具有了人性，他孤独地挺立着，如同骨瘦如柴的苦行者，在平原上修行。

……

他孤独时具有高贵的气质，组成长长的篱笆时他不怕自己变得丑陋，任凭路上的尘埃把他染白，他要守着印第安人的菜园，那古老的阿兹特克人的土地。他们簇拥着，排成小小的方阵，为这不幸的种族守着小块土地，可从前这些人是整个大地的主人，而现在只有太阳——他们的上帝，还有阵阵清风——那是羽毛蛇的气息。

顽强的巨人柱，坚韧的巨人柱，捍卫你那古老的印第安兄弟吧！他们是那样的温和，连敌人也不会去伤害，他们是那样的孤独，正像一支如你一样的巨人柱，耸立在小山之巅。

还有她笔下的龙舌兰，"有如大地的叹息，长吁一口，舒展得像一道沟壑……他们出生成长在大地的表面，脸贴脸地长在田垄间，他伸向四周，以孝子之心抚摸着泥土。"

她笔下的王椰树也变成了"完美而多愁善感"的酒杯，大自然中的一切在她如花的妙笔下，都充满了智者的灵性。

她对墨西哥印第安妇女的身姿也是百看不厌："印第安妇女婀娜多姿。她们大多长相秀美，但并不是我们通常所言的那种美……她们黑黝黝的，有如被太阳晒得焦黄的麦穗。眼睛有着热烈而温和的光，面庞轮廓俊秀，说话声调柔和，带着苦涩，好像喉咙深处含着苦涩的泪水。"她还把印第安妇女的裙子比做盛开的玫瑰。

她用栩栩如生的描写构成了一幅美丽的墨西哥素描。

可这部《墨西哥素描》于女诗人去世21年后，才在圣地亚哥的纳西缅多出版社出版。这部充满灵性的散文素描，让读者仿佛亲历了一次墨西哥，也品味了墨西哥美好的风土人情。米斯特拉尔不仅是一位出色的诗人，还是一位优秀的散文家。

5. 告别墨西哥

加夫列拉·米斯特拉尔爱墨西哥的自然风光，爱墨西哥的风土人情，更爱淳朴可爱的墨西哥人，当然，墨西哥人更爱她，尤其是邀她而来的墨西哥教育革命的领袖何塞·瓦斯贡塞罗，给她开启了全新的生活篇章。

他们之间相互信任、相互欣赏、合作默契，米斯特拉尔说：能与这样杰出的人物一道工作，她感到由衷的幸福。

开始，她称瓦斯贡塞罗为"民族的骨骼"，后来称他为"权威的秩序"，最后称他为"受到启发的救世主式的民主"。她的描写很恰当，这个人的确与众不同，当与人闲聊时，他是最沉默的一位，但对于自己的信仰却表现出火一般的热情。

在中学时代，瓦斯贡塞罗就制定了一项计划：要让人民当家做主。于是，当墨西哥受到美国的侵略时，他和战友们一道开创了墨西哥革命。但革命的道路并非一帆风顺，1925年他被迫离开了墨西哥。米斯特拉尔在给朋友的信中曾预言，说他还会回来，虽然当时她已经不在墨西哥了。

不出她所料，1929年，瓦斯贡塞罗以共和国总统候选人的身份回来了，但竞选失败。

之后，他一直在欧洲从事写作，于1959年病逝。作家阿尔丰索·雷耶斯在他的墓前致悼词："你在我们的意识里留下了痕迹，好像火焰一样，永不磨灭。"

米斯特拉尔视瓦斯贡塞罗为一生的朋友，她这样的朋友还有很多。

在她的祖国智利，她只是一个普普通通甚至被一些人歧视的教师，而在墨西哥，她好像变成了耀眼的明星，为人们带来光明。热情的墨西哥人民以她的名字设立了两所乡村小学，一座是1922年建校的，一座建在1924年，她还应邀为学校写了校歌：

哦，造物主，我们在您的光辉下歌唱，因为您又给我们带来了希望！我们像大地的沟垄，高唱颂歌把您颂扬。

1924年，她圆满地完成了在墨西哥的教改工作，要离开这个国家了。

临行那天，在墨西哥首都最著名的查布尔特佩克公园，也是拉丁美洲最大的公园，4000名儿童站在殖民时期留下来的城堡前，齐声高唱由米斯特拉尔作词的童谣《龙达》，他们隆重地向这位令人尊敬的女教师告别，这里的气氛很热烈，因为，这不是诀别，米斯特拉尔向全墨西哥人承诺，她爱这里的人，爱这片土地，只要有机会，一定还会回来的。

的确，让她获得诺贝尔奖后的1948年，她又重回到墨西哥，回到了熟悉的印第安人中间。

在这里，米斯特拉尔结识了一个叫帕尔玛·纪廉的墨西哥妇女，一位外交界的精英，她与劳拉·罗迪格一样，成了女诗人的终生好友，并在1925年，成为米斯特拉尔的女秘书。

也是1924年，她在短暂的欧洲旅游之后，又被智利政府派去参加泛美会议，之后，她的脚步就不再停歇，不知终会停在哪里……

第六章　在艰难中开启外交界的门

1. 游历中问鼎《柔情》

1924年，米斯特拉尔应邀赴美国参加了泛美会议，她对美国怀有一种无法言说的情感，一方面，北美对南美的践踏和统治让她格外痛心；另一方面，作为拉丁美洲的诗人，美国并没有排斥她，而是很友好。但她还是毫不犹豫地站在拉丁美洲广大人民群众的立场，她在演讲中说："我不是艺术家，我是一个有着与自己的民族融合在一起的渴望的人，就像在我身上综合着宗教以及追求社会正义的强烈愿望一样。"

美利坚合众国，虽然有很多让她感动的风景，但一想到整个拉丁美洲都笼罩在它的威胁中，米斯特拉尔敏感的内心就多了几分沉重，于是，她要出去旅游，因为她坚信，不停地奔忙可以更好地遗忘。

欧洲，是无数的旅游者所向往的地方，加夫列拉·米斯特拉尔，被文学界誉为拉丁美洲第一个后现代女诗人，对西班牙、意大利、瑞士、法国都进行了短暂的访问。最后，她遍游巴西、乌拉圭和阿根廷后，回到了智利。

在西班牙，比利牛斯半岛的自然风光吸引了她，她对西班牙这样评价："那里的风光非常肃穆，在这大全景中都找不到一点儿性感的东西。"

说来凑巧，西班牙马德里一家出版社正要出版米斯特拉尔写给儿童的那些诗，作为她的第二部诗集。米斯特拉尔想起墨西哥四千名可爱的少年儿童在公园内倾情演唱诗集中的《龙达》（即童谣），温柔的母爱油然而生。于是，这第二本诗集命名为《柔情》，是献给母亲与孩子们的诗，充满了母爱与关怀。《柔情》将诗歌按题材分成不同的几个部分，如："摇篮曲"、"龙达"、"游戏"、"狂言"、"讲述世界"、"学龄前儿童"、"故事"等部分。只有"狂言"部分是一个充满激情的、几近疯狂的女人的赌咒发誓。

此外，诗集中还有一些儿歌。这些诗歌格调清新，意境美丽，内容健康，诗句朴实易懂，感情真挚热烈。

尽管米斯特拉尔没有生育，但是多年从事教师职业，日日与孩子为伴，熠熠生辉的母爱在她心里滋长。还有她传承了温柔娇小的母亲的柔情与善良，她的爱缓缓地流向那些可爱的孩子，让读者的心温润感动。她写了一首温柔的《墨西哥的孩子》，通过一个寻常的"给一个孩子梳头"的举动，诗人竟觉得自己"沐浴"着"罕见的光芒"。以至于这件事情过去了二十个春秋后，诗人仍觉得"无论是睡还是醒，我都在为他梳头……这是母亲的本性，我对此从不厌烦，这是如痴的喜悦，摆脱了死神的纠缠！"

米斯特拉尔通过《绝望》与《柔情》这两本诗集的成功发行，成了拉丁美洲名副其实的文学皇后。她在短暂的西班牙之旅中问鼎《柔情》，但她游历的脚步却没有停……

2. 短暂的归程

意大利的美丽的亚平宁半岛也让她思绪万千，她痛恨墨索里尼在这美丽的地方建立起来的暴政，一个如此美丽的国家被推向了深渊。

这次短暂的欧洲之行，给米斯特拉尔留下最深印象的是在瑞士，她见到了法国作家罗曼·罗兰。早在寒冷的麦哲伦省，米斯特拉尔就喜欢读罗曼·罗兰充满力量的文字，如今，与罗曼·罗兰相见，米斯特拉尔感觉就像见到了故人。他们聊得很投机。米斯特拉尔回忆说：“他和我谈了一些关于美洲的重要事情，罗兰的形象毫不夸张地可以称为‘权威’。他与瓦斯贡塞罗是我朋友中最独特的。”他们之间也因此结下了深厚的友谊。

在法国，米斯特拉尔没做停留，在她的心里，她还在逃遁那个叫曼努艾尔·麦哲伦的男人，好像生怕在哪遇见他。因为，她以为他还在法国。

南美之行让她亲切了许多，在乌拉圭，有人盛情地邀请她多休息几天，但她婉拒了，她想家了，想母亲，想姐姐，想她教过的那些孩子。一直以来，她与艾梅丽娜这个同母异父的姐姐一直感情很深，也一直保持着通信，无论自己的辉煌与迷茫，她都与姐姐倾诉。

当轮船将要行至彭塔阿雷那斯港时，米斯特拉尔感慨万千。那里留下了她太多的记忆，为了掩护被警察追捕的政治犯，她和劳拉度过了担惊受怕的两天；还有夜校里，与那些工人朋友激动人心的谈话；更有无数个夜晚的挑灯夜战……

伴随着一声汽笛长鸣，轮船准时地停靠在了彭塔阿雷那斯港。

只见码头上一大群孩子身穿整齐的制服，手捧鲜花，高举着旗帜和标语。她想，是不是轮船上乘坐着一支得了世界冠军的乌拉圭球队呢？因为在智利，足球远比诗歌要受欢迎。

可定睛一看，天呐，这标语上写着自己的名字，原来，这里的学校得到了她乘坐这艘轮船的消息，在这里集队举行欢迎仪式，并准备了演讲。

米斯特拉尔永远学不会伴随荣誉而来的那些行为准则，她不知道在盛大隆重的场合如何举手投足，她不善交际，打扮也不入时，除了演讲和参加会议，她几乎从来不参加任何社交活动。于是，她躲进舱门，打算谁也不见。

可阿根廷著名的女朗诵家贝尔塔·辛格尔曼来了，她曾带着激情朗诵过米斯特拉尔许多诗作，怎么可以不见她呢？

米斯特拉尔无奈地让步了，她在轮船的客厅里接待了孩子代表，于是，那些可爱的孩子们开始演讲，并送给她足有一个花园那么多的鲜花。米斯特拉尔感动了，她走出船舱，对许多孩子们都献以礼貌的拥抱。尽管她小心翼翼地接待了这些孩子们，但不久，还是有一些考究女人评判她：不懂得社交礼仪，不会打扮等等。

米斯特拉尔很无奈，当她在墨西哥时，与那些印第安妇女和农场的工人在一起，感觉那么轻松自然，而如今，回到了自己的祖国，却要加倍的小心翼翼，稍有不慎，就会招来指责。这是多么可悲！

离开智利三年了，她怎能不想家呢。当她踏上艾尔基山谷的小路时，家的味道就迎面扑来，那么亲切，那么温暖，她的小花园还在，只是房子变漂亮了。这些年，她经常给家里寄钱，让母亲的生活得以改善，当娇小的母亲站在门口向她张开双臂时，高大的她再也抑制不住夺眶的泪，母亲的怀抱还是那么温暖，这温暖无时无刻不让她思念。这些年的游历中，她写下了许许多多关于母亲的诗句，每一字每一句都饱含着思念与深情。

姐姐已经是五十岁的老妇人了，看上去比实际年龄衰老许多，可能是因为丈夫的早逝吧。可怜而善良的姐姐，像一株小草一样，平静而无争地生活在这片山谷中，只为给故土增添那么一点绿，任凭风暴摧残。

米斯特拉尔想在家多待些日子，一来是陪陪年迈的母亲，二来是办理退休教师的手续，她不能失去物质上的支撑。还有一点她不能说，是她心中深藏的秘密——打听那个叫曼努艾尔·麦哲伦的男人，现在生活得怎样。

然而，她却平静地接受了一个不幸的消息，那个她一直心心念念的爱人，早在1924年初就已经去世了。一些尖刻的人在他死后还没忘记羞辱他：说他纵欲后死于心脏病。而米斯特拉尔却只尊重自己的心路历程，是那个已经过世的男人，让她的内心波澜壮阔，以至于逃遁出一个精彩的人生。她平静地悲伤了许久，他的生与死对于她的爱来说，没有太多的改变，只是，生命诚可贵，她还是希望他能如从前一样，优雅地生活；但如今，他走了，她也希望他早日升入天堂。她的心永远为他留下一块芳土，滋养属于他们两个人的一株永远待放的花。

直到1935年5月，米斯特拉尔为她的这位生死恋人写下了感情平淡的一文——《智利人麦哲伦·牟雷》，她生命中爱情的篇幅就永远消逝了。文中这样写道：

> "这个男人身上，有一点好像冒险的血统，麦哲伦，有点葡萄牙血缘，而牟雷，又带点哥伦比亚血缘。他属于贵族，生性就很有节奏。无论在生活中或是艺术上，都看不到一点痉挛和跳跃。他的诗线条是笔直的，表现出一种对自己的忠诚。他那没有重大变异的人生中，说明命运之神降临给他的他都快乐地接纳——故乡与气质……

> "他的面容很精神，线条柔和，像一种风暴后的宁静。他白皙、纯净，是个漂亮的男人，叫人一看就爱，不管是女人、老人还是孩子都爱他。……

> "那是一种令人着迷的美，能穿透周围的美，他的声音与他修长的身材结合在一起，使他变得更讨人喜欢。

> "更妙的是，无论是他的为人，服装还是生活方式都特别洁净。

"无论是哪个民族都乐意接纳这样高贵的佼佼者，我喜欢这个既有生活情趣又很质朴的人。他就像是精心挑选的那些植物，自然而精美。

　　"他从来不知道什么是'为生存而斗争'，因为他不必气喘吁吁地身背重负。也不曾体验恼怒给人带来的不痛快。

　　"他既不阔绰也不贫穷，就像贺拉斯所希望的那种处境，对于这种状况，他随遇而安。……

　　"他的诗是在女人的爱情中获得的，在仔细地观察大自然中获得。

　　"他不是爱这一位，就是爱那一位，当他不再爱时，就觉得所有的东西都是空荡荡的。他说'情感只能运用在选择女人上而不是其他事物上，然后才是别的像女人的事物上。'在与一个女人接一个女人的爱情之中，巨大的绝望落在他头上。

　　"他46岁就离我们而去，我们谁也没意料到他会猝然而死。最讲礼貌的人礼貌地死去了，就好像阿塔卡玛沙漠洼地里的水干涸了一样。当他生命垂危时，胸部难受，他从他的家圣贝尔纳多去往圣地亚哥的路上，为了不麻烦亲人，他欠身让司机停一停。司机把车停在他哥哥家附近，他就在那里死去，没有挣扎。

　　"就这样，他从智利的天空和阳光中抹去了……"

　　这篇淡雅而细致入微的追忆篇章，是写在曼努艾尔逝去十一年后，米斯特拉尔还在执着地探究着恋人的美好，可想而知，那十一年前，她惊闻噩耗之后的平静，隐藏了多少痛苦与眼泪。

　　几经奔波周折，她终于拿到了六年前就应该得到的退休金并接授了智利政府授予她的硕士学位，这样，有了这笔退休金，她感觉心里踏实了很多。于是，她告别了亲人，又来到了欧洲，1946年她在国际智力合作委员会和其执行机构——国际智力合作研究所秘书处任职（这是1945年成立的联合国教科文组织的重要组成部分），来往于日内瓦与巴黎之间，又开始了她飘忽不定的人生旅程。

3. "儿子"从天而降

在巴黎的那段日子，加夫列拉·米斯特拉尔经常与一些有国际声望的作家交往，如法国著名诗人保罗·瓦莱利（1871～1945）就与她一同工作，甚至彼此的办公室相邻。于是，在他的影响下，她经常在著名的杂志《宇宙》上发表散文，使她的散文灵性十足又平添了许多大家气派。

正当她把全身心投入到工作中时，一件意想不到的事情发生了……

有一天，一个面孔似曾相识的小伙子来找她。见面就叫她"姐姐"。

"你认识我？"米斯特拉尔狐疑地问。她觉得小伙子的确是在哪见过。

"我是您的弟弟。我叫胡安·卡洛斯·比盖尔·戈多伊"

"弟弟？你的父亲叫什么名字？"米斯特拉尔敏感地问道。

"胡安·赫罗尼莫·戈多伊·维尼亚努埃瓦。"听到父亲的名字，米斯特拉尔证实的自己的猜想，从面孔就能判段，这的确是自己的弟弟。

原来，父亲在她三岁时，就拿着把吉他四处流浪，在科比亚波——一个别有风情的智利小镇，遇到了一位阿根廷女人，生性浪漫多情的父亲就在那里成了一个小家，生下了眼前这个弟弟。如今这个弟弟又和父亲一样，四处游荡着生活，现在，他被法国招募，以外国军团成员的身份来到西班牙劳役，当加夫列拉·米斯特拉尔还是卢西拉·戈多伊·阿尔卡亚迦时，他就从父亲的口中得知有这么一位姐姐，如今的姐姐已经在欧美地区都有着很大的名气，他不找她，还能找谁呢？

米斯特拉尔毫不否认他与这个陌生青年的血缘关系，于是，这个突然冒出的弟弟也成了她在异国他乡最亲近的人。当时，因为工作关系，米斯特拉尔经常到巴塞罗那，她也经常与当地的作家和教师们聚会、聊天。她的弟弟胡安·戈多伊也经常参加这样的聚会，他的目的是俘获爱情猎物，这一点，倒是得到了父亲的真传。

后来，米斯特拉尔发现弟弟与一个叫玛尔塔·蒙多萨的姑娘来往密切，就与弟弟私下里谈话，让他先稳定一份工作，有了养家的能力再恋爱。可这个弟弟给她讲的人生哲学却是：活在当下，未来太远；爱情是有尊严的，即便身无分文。

她又劝那个叫玛尔塔的女孩，说弟弟就像颗流弹，四处漂泊，这样的姻缘不会带给她永远的幸福。

可她的好言相劝，对于热恋中的男女连耳旁风都算不上，她最终还是妥协了。因为她看到了他们之间的爱情，他们相互关心，相互依赖。米斯特拉尔以婆家人的身份帮他们操持了婚礼，同年，一个可爱的小男孩降生了，取名胡安·米盖尔·戈多伊·门多萨。

这个匆匆忙忙做了母亲的女孩，生下儿子不久，就由于肺结核而离开了人世。米斯特拉尔对此也很伤感，好像冥冥中，真的有只神手在操纵着每个人的命运。

1926年初，米斯特拉尔住在马赛，她的弟弟抱着这个刚出生不久就没了母亲的婴儿来找姐姐："好心的姐姐，我怎么带他啊，那么小。让他给您做儿子吧。"

米斯特拉尔接过这个可怜的孩子，看着他苍白的小脸，一种母爱油然而生，她做梦都想有一个自己的孩子，而眼前这个孩子，身上流着和她一样的血液，她毫不犹豫地就答应了。但有一点，这个孩子管自己叫妈妈，不许弟弟再回来要。

于是，米斯特拉尔有了生命中唯一的"儿子"，她把全部的爱给了这个可怜的小生命。她给他起了一个乳名，叫英英。

可米斯特拉尔不会带孩子，她的生活一下子变得手忙脚乱。于是，她发电报给在巴黎出差的帕尔玛·纪廉，希望她为自己做出牺牲，能来到身边照顾她。

这位淳朴善良的墨西哥女外交家，毫不犹豫地来到了米斯特拉尔的身边，并一直跟随着她，在家庭、事业上都给予了她极大的帮助。

那个安静的雕塑家劳拉·罗迪格，此刻已经完成了她的使命，回到祖国智利，专心搞她的雕刻艺术，她与米斯特拉尔一直保持着书信往来，她永远关注并支持着这位不平凡的女诗人。

值得一提的是，米斯特拉尔的那位同事——著名的法国诗人保罗·瓦莱利，她们之间没有多少友情，也没有共识，但他却为她获得诺贝尔奖起到了推波助澜的作用，这是后面我们要提到的很有意思的一件事。

4. 艰难的日子

1926年，由于工作关系，加夫列拉·米斯特拉尔遍访了中美洲各国和安的列斯群岛，她还访问美国、波多黎各及古巴，并多次进行了讲座。

其间，她的姐姐的女儿，她的外甥女，格拉谢拉·阿玛丽亚·巴拉萨不幸病逝，米斯特拉尔悲痛难耐，这是一个正值花季的女孩啊，姐姐如何能禁得住这样的打击呢。可很多不幸接踵而来……

1927年，一个名叫卡洛斯·伊瓦涅斯·德尔坎波的将军当选了智利共和国的总统，在他的独裁时期，蛮横地停发了她的退休金。

她在1927年至1928年之间，频繁地参加国际活动，参加了瑞士洛迦诺举行的大学联盟会议、在罗马召开的电影学会以及马德里举行的大学联盟会议及西班牙世界妇女代表大会。此时，她感到，好像一只脚踏上了坚实的土地，而另一只脚悬在空中，因为，她经济上感到了窘迫，这样的游走与微薄的收入无法平衡。只能不停地写作，卖文为生。

然而，更大的不幸来了，1929年，她接到姐姐的电报，让她马上回家，说母亲病重。

她放下所有的工作，马上起程回国。一路上，她不断地向上帝祈祷，希望母亲能平安无事，希望她能到门口迎接她膝上不停摇晃的小女儿。

在这之前几天，米斯特拉尔一直感到心神不宁，坐卧不安。为了排遣这种焦虑，她来买来一本法国的志怪小说高声朗读，整整四天，她都无法静下心来。直到接到母亲病危的消息，她才知道，这种解释不清的焦躁是自己与母亲的心灵感应。

终于，她看到家门了，可门口冷冷清清，她预感到了什么，疯似的奔跑，可家里除了一张母亲大大的照片，什么也没有。她像遭雷击一样愣着半晌，然后像山洪暴发般号啕大哭，她无法接受母亲离世的事实，那个娇小的母亲有着那么强的生命力，怎么会离她而去呢？她无法走出这个屋子，她抚摸着母亲用过的每一样东西，看着母亲美丽的照片，这一生孤单的母亲，孤单的离去了，她最爱的小女儿没有在身边。自责、痛苦与哀伤，让米斯特拉尔彻底崩溃了，一连几天，她把自己关在母亲的屋子里，不见任何人，不说任何话，她不停地写，不停地回忆……

母亲生前曾有一个小小的愿望——希望自己能安葬在一块安静的墓地，可此时生活窘迫的米斯特拉尔，竟然连母亲这样一个简单的愿望都难以实现。

面对着这一厄运，她没有跪下来乞求谁的怜悯，而是对伊瓦涅斯的军事独裁进行了严厉的谴责和诅咒。

米斯特拉尔带着母亲留下的十字架和一颗破碎的心回到了欧洲，因为在马塞，还有儿子，有了家室之累，她更要努力地赚钱生活，1930年，她应美国哥伦比亚大学之邀，多次举办了讲座；同时，她拼命地写作，卖文赚钱，这一年，她攒够了给母亲买墓地的钱，寄回智利，买了一块四个穴位的墓地 —— 一个给母亲，其余三个给姐姐、自己还有花季夭折的外甥女。但现在，留给自己的那个墓穴依然空着，因为她后来葬在了离拉塞雷纳50公里远的蒙特格兰德。

这样为生活奔波的日子直到1931年6月26日，那个独裁的总统伊瓦涅斯将军逃往阿根廷而有所改善。

胡安·埃斯特万·蒙特罗当选为总统，新的蒙特罗政权以教育部的名誉向她发出一份正式通知：

> 请您回国，回到您正常的工作岗位上去。我们深深知道，您对故土的热爱超过一切，教育权威部门及政府请您以饱满的热情和作为教师的使命服务于祖国，任命您担任初等教育局的领导工作。您将全力为塑造儿童的灵魂而竭尽全力，因为儿童是我们祖国的未来。

米斯特拉尔毫不犹豫地拒绝了新政府的这种姿态，可出乎她意料的是，她的拒绝并没有给她招致愤怒和报复，就在新的社会主义共和国成立两个月前，她又收到了另一份正式任命：

圣地亚哥第327号令：兹任命卢西拉·戈多伊小姐为智利特命领事，于1932年4月15日在意大利那不勒斯上任。

任命书上有蒙特罗——这个"短命"总统的亲笔签名。米斯特拉尔终于舒展开了紧皱的双眉，她可以不用受穷了，她又可以回到她钟爱的国家意大利了。

5. 特立独行的女诗人

米斯特拉尔对智利政府的这一任命感到满意，但以法西斯党执政的意大利墨索里尼独裁政府却相当头疼。

表面上，他们是基于大男子主义的思想而不欢迎一位女性领事，实际上，他们是对这位领事的政治态度极为不满。

因为，米斯特拉尔一直支持与倡导那些与法西斯政党对立的人和事，她大张旗鼓地把古巴的民族英雄、作家——何塞·马蒂（1853～1895）尊为自己的导师，盛赞他一生为祖国的独立与拉丁美洲的自由而战的英雄壮举，在拉丁美洲人民遭受外来侵略与种族残害的非常时期，米斯特拉尔曾把何塞·马蒂"请"到各大报端，撰文高呼：

"他被推到魔窟中，迫不得已寻找枪支，他被逼到战场上，却依然博爱……我非常感谢马蒂：感谢作为作家的马蒂，他是我的作品的最伟大的导师，他作为美洲人的导师，我也很感谢他，他是为我们正在受难并且还要受难的人民而奋斗的。他们还在为边境问题谈判，或是发生冲突，大陆的各个地方还在互相仇恨。

"看到美洲的现实，我们还应当穿越时空把玻利瓦尔从远方请回来，让他为我们建立信仰；再把马蒂请回来，用他的斥责清洗克里奥约（是指殖民地出生的白人，在文章里指种族歧视）的疥疮……我感谢何塞·马蒂的文学与人生……"

她还引用何塞·马蒂在《悼念11月27日遇害的兄弟们》一诗：

> 瞧吧，暴君，你的专横引起了反抗的风暴。你的挣扎亦将徒劳。被你处死者的歌声滔滔：他们死于你的魔爪，他们永生在荣耀的怀抱。……杀吧，暴君，你杀吧，血洗天空天更蓝，大千世界更妖娆！

文章旨在呼吁那些被压迫的民族，建立一个自由的、有尊严的共和国。

这都大大地激怒了法西斯政党专政的意大利政府，但加夫列拉·米斯特拉尔对何塞·马蒂的赞美是由衷的，在今后的半生中，她身体力行地为拉丁美洲人民的利益而奋斗。

她不畏那些强权者的眼光，把秘鲁共产党的创始人何塞·卡洛斯·马里亚特吉（1895～1930）尊为"秘鲁青年的高尚导师"，这位刚刚过世的马克思主义思想的倡导人对印第安人的关注引起了米斯特拉尔的共鸣，她盛赞马里亚特吉创办的革命刊物《毛乌塔》（毛乌塔在印加语中意思是"哲人"），她说，她很羡慕与怀念的一种职业，就是马里亚特吉真心称赞的"毛乌塔"，但这种职业在现代文明中早已消失。她憧憬那高度发达的印加文明，虽然500年前，哥伦布的闯入毁灭了他们这一古老而灿烂的文明，但西班牙人与印第安妇女的结合替他们洗清了不少的罪孽。

米斯特拉尔认为，无论白人、黑人、黄种人，每个种族都有自己的美，只不过他们的美表现不同而已。她关心和热爱拉美大陆及居住在这里的人。

很多拉丁美洲人都羞于承认自己的混血身份，但米斯特拉尔却勇敢地直言自己就是"梅斯蒂索（即混血）人"。

1932年，当美国总统胡佛把尼加拉瓜的"自由人的将军"——桑地诺称为土匪时，当《纽约时报》把桑地诺称为"微不足道的神经不正常的小头目"时，米斯特拉尔立场坚定，旗帜鲜明地说："我认为他是一名英雄"，她把桑地诺的队伍称为"一支富有牺牲精神的疯狂小队"，从此，"疯狂的小队"这种叫法就流传开来，时至今日，米斯特拉尔的这一命名还在众口相传。

米斯特拉尔在尼加拉瓜的危难之时挺身而出，她希望语言能变成行动，同情能变成具体的声援，于是，号召全美洲人都伸出慷慨的手，为桑地诺的事业捐钱。果然，许多拉美人同仇敌忾，慷慨解囊，更有一些血气方刚的小伙子，他们来自智利、阿根廷、厄瓜多尔，他们把桑地诺和他的人民视为自己的同胞，投身到他的民族解放事业之中。

她不断地发表文章，不断地演讲，号召全美洲都支持桑地诺的事业。卓越的游击队领袖桑地诺为米斯特拉尔这种与拉丁美洲休戚与共的精神所感动，称她为"桑地诺主义在知识界的旗手，是队伍的有功之臣"。

1934年，桑地诺被索摩查派人杀害了，米斯特拉尔悲愤万分，公开诅咒那卑鄙的刽子手："我们会敌视他，会声声诅咒他，我们从来没有这么执着地诅咒过，'让他遭到厄运吧！'"

其实，米斯特拉尔对尼加拉瓜的这种支持早已超越了国界，她把桑地诺看成是象征着过去与未来的英雄，那是可以传承的一种精神，她要让这种反侵略的爱国精神发扬光大。

　　她就是这样，身体力行地关心和热爱着拉丁美洲和居住在这里的人，于是，美洲的教育界已经公认她为道德楷模了。她经常会被某大学授以"荣誉博士"称号，诗人对此举常常自嘲地说"无功而获此殊荣实在惭愧"。

　　她的思想和精神，不只影响了教育界，也影响了整个拉丁美洲。难怪墨索里尼政府拒绝她，对她报以不友好的冷眼，但法西斯主义的态度无法改变智利政府的决定，他们只好任米斯特拉尔在意大利走上这么一遭了。

第七章　游历中的外交官生涯

1. 意大利之旅

作为智利的终身领事，米斯特拉尔有了很大的自由空间，她可以按照自己的意愿选择住所，也有了去旅行的游资，但偏偏就在1932年，智利发生了经济危机，以至于很多领事都不得不返回智利，其中包括聂鲁达。

米斯特拉尔很清楚，自己留在意大利也是没有工资可领的，但她还是决定留在意大利，她想借此机会再去浏览意大利的秀丽风光，去感受古罗马人的悠久历史。

从女诗人的前半生来看，在她最困难的时候，总会出现倾心相助的好友，当然这次也不例外，驻意大利热那亚的领事卡洛斯·埃拉苏利斯，在经济危机之时，把自己的房子让给了米斯特拉尔居住，这大大减轻了米斯特拉尔的经济负担，也与这位好心的政界精英结下了友谊。

此刻，她可以安下心来，去体会意大利了……

她认为，意大利是由许多小小王国组成的国家，有古老的文化沉积、由中世纪和现代生活铸成的国家。虽然城市中也随处可见川流不息的轿车，但典型的市中心广场、周围归化整齐的街道，都体现着古典的韵味。

米斯特拉尔走在这古罗马帝国留下的舞台上，触摸着千年沉积下来的文化影像，一切都让人迷醉……

小小的村庄、古老的巷道，大海、橄榄树还有渔民的网，都让她对生活燃起了久违的柔情，好像回到了艾尔基山谷的童年。

她来到了佛罗伦萨，想象着《神曲》的作者但丁被流放后的生活，多么遗憾，如此别致的小城竟然容不下一个伟大的诗人！然而，她又感谢那次流放，因为，但丁在流亡的日子中创造了伟大的《神曲》，有了神曲，佛罗伦萨变得有了历史，意大利的文学史也变得更加辉煌，米斯特拉尔称但丁是"卓越的蓄怨者"，这样的称谓准确而又生动，因为高傲的诗人宁愿把自己的骨灰撒在拉韦伯，也不接受佛罗伦萨保留他遗骨的要求，遗恨佛罗伦萨。

如果说佛罗伦萨是文艺复兴的摇篮，那么锡耶纳就是一件艺术精品。这座中世纪古城在恬美的托斯卡纳乡村的环抱之中，历经千年的洗礼仍保持着蓬勃的生机，而米斯特拉尔偏爱这里，是因为这里诞生了圣卡塔琳娜，这位圣女的作品与她的《绝望》一样，充满着最强烈的激情。

第一次来意大利的那不勒斯时，米斯特拉尔喜欢地中海的宁静，她形容地中海像一条温柔的女性的海洋，她想起那令人陶醉的海域曾经是罗马大部分文学作品的活动舞台，那里的海洋不像广阔的太平洋那样波涛汹涌，令人恐慌，宁静而又色彩斑斓，难怪荷马形象地把它称为"紫罗兰色的牧场"。后来，米斯特拉尔多次在这片海域驶过，于是，在1930年，她写了一篇《告别地中海》，而今，她又来了，海的万千变化在她的眼里没有了那般诱惑，只感觉海水敲打着她的每一根神经，让她难以入眠，在那不勒斯的日子，她已经略有疲惫，"朝至那不勒斯，夕死足矣"是人们对那不勒斯这个阳光与快乐之城的颂扬，而米斯特拉尔却似有远离之意……

1933年，米斯特拉尔来到西班牙任马德里领事，此时智利政府恢复了她的退休金，她的儿子英英也已经七岁了，小家伙越来越可爱，米斯特拉尔一见到他，所有的烦恼都烟消云散了，安享天伦之乐的感觉真好。仿佛一切劫难都已经过去，但谁又能预知未来呢……

2. "高贵"的西班牙和那些不同的声音

西班牙评论家梅那德斯·伊·佩拉约（1856～1912）曾断言说，智利出不了诗人，因为那是一个勇敢野蛮的部落，西班牙人为了征服这片土地，耗去了很多时间、精力与耐心，这就说明，那片土地的主要特征是憎恨与仇视。有这样的基础，就有这样的文化，这就决定了他们在诗歌方面的贫乏，这位评论家还自以为是地说，智利人的祖先大多是西班牙巴斯克人，而这地方的人注重实效，讲究实际，不富于幻想，也没有理想化的倾向，教条主义的正规教育是他们的主流教育模式，所以，不会有人会浪漫的文学。

而米斯特拉尔直言不讳地说，自己就是那个野蛮部落——印安第人的直接后裔，而她又同样具有巴斯克人特有的姓氏。若干年后，她摘取了诺贝尔文学奖，而她只是开了一个先河，之后，聂鲁达也获得了此项殊荣，相信，还会有若干个明星在智利的上空冉冉升起。

一直以来，米斯特拉尔都把西班牙当成了自己的半个祖先，对于西班牙，总是怀着一半海水一半火焰的情愫去尊敬，如同地中海与卡斯蒂利亚的风光一样，一个风光明媚，一个抽象而灰暗。她走到菲力普二世的墓前，产生一丝怜悯与同情：此人代表着西班牙的一种面貌，一种最阴暗的面貌。一方面，他想继承和扩展父亲的帝业，但由于先父之前的征战已经耗尽了国力，他既得不到国内各派势力的支持，又与邻邦失和。他的生活变得孤独，最后因病痛折磨而死去。

西班牙历经百年的征服战争，有多少故国同胞与征服者共同抛洒了鲜血与生命，想到这，米斯特拉尔不由得不寒而栗。都说西班牙人的气质高贵，但与印第安人的血流到一起时，谁分得清哪片殷红是高贵的呢？

米斯特拉尔在安达鲁西亚看到，外来文化在一点点地渗入，西班牙特征悄然隐褪。她看到阿拉伯与西班牙，犹太与西班牙，东西方文化结合得完美自如，特别是聪明的阿拉伯人，他们铺设了地下管道，把山上的甘泉引到城堡中来，于是，室内像一个小小的花园，每天都可以听见水声潺潺。米斯特拉尔沉浸在这异域的风情之中。

不论在哪，米斯特拉尔都对当地的圣哲伟人深怀崇敬。当然，比利牛斯半岛更是不乏优秀之人，她首先要"拜访"的是修女圣特雷莎。为了这个前世的圣女，米斯特拉尔居然来到了她的家乡阿维拉，在米斯特拉尔的心中，这位美丽的修女不仅是改革了加尔默罗会的圣女，更是一位勤勉的作家，自1560年开始写作以来，几乎笔耕不辍。她不喜欢沉溺于男欢女爱，她憎恨夸夸其谈，她静静地待在小屋里，写出一篇篇动人的诗作。米斯特拉尔对这安静的修女充满了景仰。

同时，米斯特拉尔特别敬仰一个德高望重的长者——乌纳穆诺，这个被评论界誉为"西班牙的灵魂"的伟人，在1898年西班牙对美国的战争失败、殖民地被瓜分，统治者昏庸无能时，他与一群年青的作家奋笔疾呼，试图救国家于危难之中。1924年因反对普里莫·德·里维拉的独裁统治被放逐后，侨居法国，过着俭朴寂寞的生活，1930年西班牙独裁政府垮台后才回国。是令人尊敬的作家、哲学家及教育家。

米斯特拉尔曾饱含深情地说："……这位60岁的老人使我感到发自肺腑的痛楚，他那么简朴而坚强，就像是智利的角豆树。"

米斯特拉尔就是这样，爱憎分明又坦荡直率，而她这样的性格总是招来一些人的谩骂与非议。一部分气质"高贵"的西班牙人开始向她的言辞发起挑战了。

她一直把征服者与印第安人的通婚看成祖先顺理成章的繁衍生息，而西班牙人却觉得这是对西班牙的一种侮辱，一些人粗俗地嚷嚷："这位女士到现在都不明白，西班牙人之所以选择印第安妇女，是因为那里没有猴子。哈哈哈哈……"米斯特拉尔大为震惊，她想反诘，但对于这种粗俗不堪、甚至更下流一些的语言，她如何应对呢？

于是，她求助于他崇拜的"西班牙的灵魂"乌纳穆诺，希望他老人家能为印第安人及梅斯蒂索人主持公道，但她低估了西班牙的"高贵"，无论她怎样委屈地呐喊，她与印第安及混血的拉丁美洲人，都被排斥在外，甚至遭到诅咒，她对乌纳穆诺失望，对西班牙失望了。

米斯特拉尔痛苦万分，仿佛就在那一刻，人们把她与西班牙，拉丁美洲与西班牙的脐带切断了，她找自己的同胞好友倾诉这种对拉丁美洲人不公正的态度，倾诉一些自谓高贵的西班牙人讲出这等下流的语言。

没想到，她的朋友把她这封为药味十足的信交给了一家杂志社的评论家，这位评论家很快在一篇文章里写下了米斯特拉尔对于一些道貌岸然的西班牙人的控诉。这消息却爆炸般地传开了，一直传到西班牙。

一次，西班牙一位海军上将盛情地邀请米斯特拉尔参加一次由军官和大学生举办的诗歌盛会，活动热情而高涨，大约持续了三个小时，这位海军上将礼貌地称米斯特拉尔为"我们杰出的伙伴"，然后请她用餐。米斯特拉尔盛情难却，在餐桌旁坐下。第一道菜竟然是一只烤得焦黄的山鸡——痛苦地歪着头躺在餐盘里。米斯特拉尔不由得"啊"了一声。可这轻轻地一声感叹却被西班牙人扩大了无数倍，最后，竟然震动了整个比利牛斯半岛，他们认为女诗人践踏了西班牙人的尊严，于是，米斯特拉尔被冠以反对西班牙的恶名并愈演愈烈。这黑色的传说让米斯特拉尔茫然了，她反对西班牙吗？她两年来写的文章几乎有一半都是关于西班牙的。而此时，西班牙却容不下她。

米斯特拉尔不去为误解辩解，她选择逃避，并相信时间会证明一切。但那些批评和骂声仍然不绝于耳，最让她难以接受的是自己的同胞作家维森特·维多夫罗——她一直尊敬的自称"创造主义"的作家。

当有人评论米斯特拉尔为伟大的作家时，这位维多夫罗却不屑一顾地反讥："伟大？她就是个子大而已。"他甚至说："这个可怜的米斯特拉尔，黏糊糊，甜腻腻的，胸无点墨，只有一点点坏乳汁。"

听了这话，米斯特拉尔很平静，甚至感谢这位作家，把她从甜腻腻中拉出来，从感伤主义拉出来。

她说："我居住在偏僻的山乡，贫乏的精神与文化生活限制了我的视野，我不清楚我该信仰什么，崇拜什么。于是接受了历史与文化的影响。写出了一些情感丰富但视觉狭隘的诗歌。"

米斯特拉尔这一独白多么真诚，这是多么博大的胸襟啊。那些对一个率真的女诗人恶语相加的人，此刻会不会脸红呢。

1935年，在她"逃"到葡萄牙任智利驻里斯本的领事时，从圣地亚哥传来好消息，国家议会已经通过了一项决议，任命加夫列拉·米斯特拉尔为可以由她自己选择住所的终生领事，她是第一个获此殊荣的智利人。

听到这个消息，米斯特拉尔非常激动。因为远离故土的日子里，她实在是承受了太多的阴暗与责骂。她需要一个荣誉来鼓励自己。虽然她足够坚强，但面对另一个同胞的恶语相加她还是难以承授。事情是这样的：

劳尔·席尔瓦·卡斯特罗是智利的文学评论员，此人特立独行，说话尖刻。

他对加夫列拉·米斯特拉尔的诗仇恨至极，他决心运用一切武器来"结束关于米斯特拉尔的神话，推倒她的丰碑，揭穿这个用含蓄的或粗俗的语言和比喻在诗中诉说肉欲痛苦的女骗子"。

这样的语言极其恶毒，米斯特拉尔的心被深深刺痛并留下疮疤。

在1932年，智利的另一位诗人聂鲁达发表了《二十首诗和一支绝望的歌》时，这位评论员就这样评价：这是智利情诗的新特点，肉欲爱情的裸体庆典。

可见这位评论员对现实主义的爱情诗是多么排斥。他除了直接放肆地诋毁米斯特拉尔，还谴责那些欣赏这"魔鬼般的诗"的人们，他认为把赛诗花会的大奖颁给《死的十四行诗》是评委们精神失常，这首诗品位低劣，阴暗扭曲，充其量只是一幅诗歌式的漫画。

劳尔·席尔瓦·卡斯特罗还说米斯特拉尔的诗歌直截了当，没有界限，赤裸裸地展现自己的感觉和激情，简直胆大妄为，是一种"难以置信的平庸和骄傲"。他有一篇评论如此激烈地说："……别的女人出于羞臊而不露的语言，她都敢说，甚至一些男人说不出口的话她也敢说，男人们不说是因为他们在写诗时还记得自己是女人的儿子。幸好，除去个别人有所表现外，美洲的诗歌没有按照加夫列拉·米斯特拉尔所表现的不知羞耻的路子走下去。"

……

这位评论员的话尖刻得如同刀子，能看见伤痕中渗出的血滴。米斯特拉尔强忍着，站立着，终于，智利政府这一终身领事的任命对她给予了极大的肯定，她可以随心所欲地前往任何一个国家，并且有了强有力的经济保障。对她恨之入骨的人也只能望洋兴叹了。

3. 自由的外交官发表《塔拉》

1935年到1937年，米斯特拉尔都在葡萄牙任领事，她在那里感到心情舒畅。在那里她还参加了国际作家代表大会，许多人向她致敬。

同时，她也依然坚持着写作的良好习惯。

1938年，她曾短暂地到过美国的加利福尼亚，西班牙诗人胡安·拉蒙·希梅内斯（西班牙诗人，1956年获得诺贝尔文学奖）带着他美丽的美国籍夫人塞诺维亚·坎普鲁维来看望米斯特拉尔，米斯特拉尔这才有机会向他们解释她是如何带着反对西班牙的恶名逃出马德里的。她有她的处世哲学，任何人无法改变她。

胡安·拉蒙·希梅内斯向米斯特拉尔讲述了自1936年，西班牙爆发内战后的混乱情形：那里来了许多国家的志愿者，飞机大炮轰鸣着。西班牙人在不断地死去，现在，满目疮痍，尸横遍野，许多孩子成了孤儿。

米斯特拉尔听着听着，泪竟不知不觉流了下来。她痛心一个美好的西班牙竟然沦为一个国际战场。那些妇女、儿童、无辜的人民群众，都在战争中饱受摧残。此时的米斯特拉尔决定，一定要为这些可怜的孩子做些什么。

的确，在1936年7月到1939年4月的内战中，死了多少西班牙人，谁也说不清楚，但最流行的说法是，三年内战死了一百万人。1939年，西班牙内战结束，弗朗哥独裁政权上台。为排除异己，新政府持续多年打压反对势力，无数持异见者被扔进监狱。许多孩子因此成为孤儿，甚至还有一些孩子出生在监狱里。

米斯特拉尔出任法国尼萨的领事。可她人在法国，心却一直牵挂着西班牙的孤儿。她决定用一种特殊的方式来帮助那些可怜的孩子。

于是，她一方面坚持写作，一方面着手出版新书。她对作品要求很严格，认为自己不满意的作品从不轻易让人发表。所以，她在世时，只出版了四书本。

继《绝望》、《柔情》后，直至1938年，她才出一本《塔拉》（也译《有刺的树》），这第三本书是阿根廷女作家维克多利亚·奥坎波协助在布宜诺斯艾利斯出版的，米斯特拉尔在世时，只出版了四本书，而前三部都在国外出版。她的祖国智利只出版了她人生中的最后一本书《葡萄压榨机》。

米斯特拉尔将这部诗集的全部收入都捐赠给西班牙的一些慈善机构，用来帮助那些在战争中成为孤儿的儿童。她是这样一个博爱而坚持的人，如今，因为有了英英，她的博爱又掺杂着更多的母爱，于是，那些成了孤儿的孩子，成了她最心痛的牵挂。

《塔拉》与《绝望》的诗歌表现形式却大不相同，米斯特拉尔解释说：

"所有按韵律写诗的人都懂得，一开始缺少韵律，但是过不了多会儿，韵律就像密集的雨点一样落在我们头上。韵律就蕴藏在诗歌本身之中，以至于在长诗中显得那么自然，不必刻意追求。此时，再拒绝内在的韵律将构成一种人为的反抗。我在此留下的是自然内在的韵律。到那其中去感受这种声音吧……"

米斯特拉尔的诗歌与散文中总是流露出一种仿古主义务格调，她解释道：

"我喜欢用仿古的语言，不仅体现在写作中，同时也表现在平时的讲话中，这种语言是有活力的，陈述自然，但这并不是我记得的所有仿古语言。我并不是刻意地将这些仿古语言写给那些反对这种仿古主义的读者，在美洲的大一些的城市就有这样的读者。

"我在美洲的农村长大，那里直到现在仍然讲这种带有仿古痕迹的语言，城里的人博览群书，以为我写出这种语言是读了那些古代经典名著所致。这样想的确是错了。"

从经典著作到民间风格，她的作品带着一种古朴的芬芳，就像故乡山脉的峡谷中长出的大树一样，根牢牢地扎在大地上。《塔拉》诗集中的题材十分广泛，有对大自然丰富、秀美的唱颂，描绘出南美宁静和悠然自得的生活画面；与前部诗集情绪延续连接的，还有对母亲和孩子的爱意；还有诗人对印第安人苦难和对犹太民族不幸的深切同情。

"我母亲的死"这一部分，有一些短歌是献给几位自杀的诗人的。他们的结局给她留下了令人困惑的迷醉，于是孤独与死亡再度袭来，她只能再次向受难的基督祈祷。

"疯狂的故事"和"幻觉"这两部分表现了她性格中有迷失而离奇的想法。

"物质"这一部分则代表了把她从完全的疯狂中挽救出来的现实：散发着奶香的面包，甘甜的泉水，还有田野里芬芳的空气，让人感觉很踏实，很舒服。

"美洲"这部分是米斯特拉尔的足迹了，在她的妙笔下，太阳，永恒而凝滞；塔楼，金光闪闪，她踏过每一寸土地后，心中都驻留了一个永恒的风景。她的足迹踏遍美洲，她要歌颂安第斯山那高耸的巅峰和巨岩，还有汹涌的海洋。

"乡思"是《塔拉》中很重要的部分，表达了诗人身在异乡对故土的思念。这里既包含了对故国的怀念，也有对死亡的淡然。正如诗人在获得诺贝尔文学奖的获奖词中所说：《塔拉》与《绝望》的凄楚基调迥然不同，《有刺的树》表达了南美的宁静和悠然自得的生活画面。它的芬芳已从远方传到我们这里，使我们仿佛又一次置身于诗人童年时代的花园之中，使我们又一次在倾听她同大自然、同草木花鸟的亲切交谈，这一切简直是把赞美诗和天真烂漫的童谣奇妙地融为一体了！这些歌唱面包、酒、盐、谷物和水——饥渴的人所需要的水的诗篇是对人生的基本生活必需品的最好的礼赞！

《塔拉》是给西班牙那些在战争中失去亲人的孩子的最好慰藉。

米斯特拉尔的作品随着内心的起浮——从男女情爱，到温润的母爱，再到"人道主义的博爱"，她不愧为拉美文学的皇后，她在不断的自我超越中延伸了爱的疆域……

值得一提的是，米斯特拉尔的异性知己佩德罗·阿吉雷·塞尔达在她出版《塔拉》的同年即1938年，当选为共和国的总统，这个佩德罗就像她的保护神，一路相扶。而她的好友聂鲁达，作为人民阵线的卓越形象代言人，为佩德罗竞选总统献策献力，功不可没。

还有一件比较有趣的事，当时她通信的朋友中，有一位叫爱德华多·弗雷·蒙塔尔沃的政治家、律师，他和他的儿子在日后相继当选为共和国总统，只是当年这个小律师还求米斯特拉尔帮他弄一张法国哲学家雅各·马利丹的照片来，并希望诗人为他的新书写序呢。

当然，米斯特拉尔通信的伟人不只总统，还有尼加拉瓜的大师卢文·达里奥，她尊他为文学上的导师，早在1912年，她就给这位大师写信了。还有法国哲学家雅各·马利丹及西班牙作家胡安·拉蒙·西梅内斯等等。她直爽而坦诚的性格会让她交上许多一生的朋友。

4. 诺贝尔奖——全拉美的期望

1939年，与米斯特拉尔同年同月出生的阿道夫·希特勒发动了改变世界历史进程的第二次世界大战。

这一年，加夫列拉·米斯特拉尔决定任巴西佩特罗波利斯领事。

据米斯特拉尔忠实的朋友兼秘书，墨西哥的外交家帕尔玛·纪廉回忆：米斯特拉尔决定离开葡萄牙而到美洲去，是因为英英还小，当时学校里有童子军，那是一种法西斯组织，米斯特拉尔不愿意她的孩子与童子军厮混在一起，她要把孩子从那个环境中分离出来，远离硝烟弥漫的欧洲，这不由得让人想起中国古代孟母三迁的故事，可见米斯特拉尔对英英的一片慈母之情。

佩特罗波利斯曾是巴西帝王佩德罗二世钟爱的地方，他把皇宫修建在了那里，这个城市也因此而得名。1894年至1903年，这里曾经是巴西的首都，如今这座城市仍保留着华丽的宫殿和秀美的皇家园林。米斯特拉尔很快就爱上了这里。

虽然米斯特拉尔有时会受到像劳尔·席尔瓦·卡斯特罗那种居心叵测的人对她的攻击与谩骂，但她忧郁、多情的诗歌还是被拉丁美洲的许多国家所喜爱，而她本人，也因为立场坚定地支持着拉丁美洲的民族独立而受到无数人的爱戴。

厄瓜多尔的女作家阿黛拉·韦拉斯科本人就极其喜爱米斯特拉尔的作品，于是，1938年，她给时任智利总统的佩德罗·阿吉雷·塞尔达写信，希望智利政府支持米斯特拉尔竞争诺贝尔奖。这封信，仿佛一语惊醒梦中人，米斯特拉尔的知己好友佩德罗这才意识到，米斯特拉尔有资格获得这项殊荣，而且距诺贝尔奖评选的时间——1945年还有不到六年的时间，此项工作势在必行。于是，这个佩德罗开动了国家机器，他指示时任瑞典大使馆的大使卡洛斯·埃拉苏利斯来完成这一任务。这样的友谊，不仅让我们想起鲁迅先生那句：人生得一知己足矣，斯世当同怀视之！

说来真巧，这位卡洛斯·埃拉苏利斯就是当年在智利经济危机之时，把自己的房子让给了米斯特拉尔居住的意大利领事，他与米斯特拉尔已有近10年的友谊。他欣然接受此任务，并很快向总统提出计划：一将米斯特拉尔的作品译成瑞典文，或者是圈内文人熟知的英文或法文并印成样书；二要有一位权威的作家给这本样书写序言；三是此项提名需要得到全拉美的一至支持。

1939年8月17日，智利最大的报纸《商报》揭示说：智利正在为米斯特拉尔获诺贝尔文学奖而努力。

米斯特拉尔对此事却反应淡然，甚至还劝那些热衷于此事的人不要过分投入。她觉得，瑞典皇家学院对于名不见经传的作家会不屑一顾，而且，她的作品除了零星的几首被译成法文外，几乎没有别的文字的译本，这样的情况要参选诺贝尔奖，实在是一项宏伟的"建筑"；何况，那个不让米斯特拉尔失败誓不罢休的席尔瓦·卡斯特罗，还印了许多毁谤她的小册子散发到国外。显然，这位女诗人对这项计划信心不足。但她推荐了三位拉丁美洲的作家参选，他们是委内瑞拉的罗慕洛·加列戈斯、墨西哥的阿尔丰索·雷耶斯、卡西亚诺·里卡多等著名作家。可见米斯特拉尔是何等博爱之人。

米斯特拉尔的顾虑和消极并没有影响到政府及整个拉美人民的信心，这项计划还在有步骤地进行着。更为可喜的是一些拉丁美洲最有影响的文学权威特别支持米斯特拉尔的提名，他们百分百地相信只有她才有获奖资格，于是，他们动员起来，从挂宣传横幅开始，一直到拉丁美洲共17个国家的一致支持，这中间，历经了两年的宣传与努力。米斯特拉尔以沉默的方式表示感谢。

为了赢得诺贝尔奖，智利政府找到了知名的翻译家马蒂尔德·波梅斯。1940年7月，在巴黎的近郊，玛蒂尔德完成了诗集的翻译，在她离开仅几个小时后，纳粹德国的飞机就轰炸了那里。

诗稿译完了，负责米斯特拉尔参加诺贝尔奖竞选的工作人员决定，找一位文学权威来替诗集作序。于是，他们想到了法国的诗人领袖保罗·瓦莱利，希望他的序言能敲开瑞典皇家学院的大门。

有意思的是，这位保罗·瓦莱利也在1926年国际智力合作研究所工作过，她与米斯特拉尔是办公桌相邻的同事。米斯特拉尔对他并无好感，而他也从未读过米斯特拉尔的作品。他曾回忆说：

　　"加夫列拉·米斯特拉尔代表着她的国家，既有风度又朴实无华。赢得周围人的尊敬……她时而凝神沉思，时而神采飞扬，这是诗人的特点，但我那时候，还没看过她的任何作品。"

　　而米斯特拉尔对他的印象是：喜欢玩笑，喜爱漫画，还几次要纠正乌纳穆诺的西班牙语，不懂得尊重别人。

　　所以，当智利政府希望保罗·瓦莱利为米斯特拉尔的诗集作序时，他说：

　　我既不了解智利文学，也不了解米斯特拉尔。让我对这些法文译稿发表议论，我觉得不太合适。因为这些诗对我来说是完全陌生的，也与我的风格不相符。在文学王国中，法国与智利无论从人文科学还是文学领域，都相距太远，智利的文学领域像其频发的自然灾害一样，毫无秩序，而我是欧洲旧大陆的儿子，我们处于相完反全的领域。

　　但智利政府及拉丁美洲人的热情不减，在他们的一再要求下，瓦莱利对序言开价5万法郎，且提前支取。

　　他是个守信的人，支票刚一到，他就写好序言寄到了智利。

　　序言写得很有分量，既牵动人心又不失大家风范，当然他也直言不讳地谈到了与米斯特拉尔的差距：

　　"我们必须尝试一下别人的日子，如果做不到这一点，我们至少应当努力去感受并且尊重他们的生活。无疑谁也不会像我这样与我所要介绍的人的诗歌保持这么遥远的距离，无论从情趣、思想到习惯。顺便介绍一下，我的精神是用欧洲文学的古老传统滋养的，这就使我发表的文章具有一种俗成的风格。我很少接触到另一个世界，那个世界主要是一个自然的、朝着海洋敞开的世界……我认为，如果一个人不能体验别的丰富多彩、完全不同于自己的生活，那他就不会生活得很好，生活就会变得太贫乏，最好，只剩下我们自己了。

"加夫列拉·米斯特拉尔的诗时而温柔如水，时而可怕如魔，带着其特有的美丽出现在西方的地平线上，诗中附杂着一种特质，即是对世界上高贵事物的批评。"

另外，瓦莱利还在前言中夸赞译者玛蒂尔德·波梅斯的译文"就像酒从坛子里倒出来一样"，没有走味。实际上，诗歌的翻译的确比较困难，那是一件费力不讨好的事情，有时会由于理解上的一点点偏差而犯下致命的错误。在这之后不久，米斯特拉尔曾就这本书的翻译表示不满。

准备工作一切就绪，就等待出版了。米斯特拉尔的生活中却发生了意想不到的悲剧。

5. 痛失

1942年2月的一天，加夫列拉·米斯特拉尔宴请奥地利籍犹太作家斯蒂芬·茨威格（1881~1942）在佩特罗波利斯的家中吃饭。席间，她还非常高兴地对茨威格说：

"一个叫瓦尔特·弗朗克的朋友要到这里来，说不定会住上几天呢。"

"那太好了，让他也到我家住几天，我们为他做地道的奥地利餐。"茨威格兴致勃勃地说。

吃完饭，茨威格心事重重地拿出一封从欧洲寄来的家书，家书很沉重，都是一些关于欧洲战况的话题。茨威格沉默良久，米斯特拉尔很理解他，不去打扰他。她知道，对于一个德语作家，离开了讲德语的环境，离开了他赖以生存的土地，是怎样的一种心境。

她翻看着茨威格的手稿，那是一本他未完成的自传，写二战前宁静的欧洲，写美丽的维也纳……而此时，他流亡在巴西。他害怕听见希特勒节节胜利的消息，他盼望那毁灭性的战争快点结束，早日回到他梦想的家园。

这次聚会几天后，即1942年2月23日下午，61岁的茨威格与33岁的妻子双双服毒自杀了。米斯特拉尔赶到茨威格坐落于里约热内卢近郊的半山腰的家时，她亲眼看见了这位杰出的犹太小说家与妻子相拥而去的情景，他们像睡着了一样。这一幕，永远萦绕在米斯特拉尔的脑海中，无法挥去。

这位受人尊敬的犹太作家有英国国籍，他不像一些流亡的犹太人处处受到歧视，在饥饿线上挣扎；他拥有巴西的长年签证，是受到特殊礼遇的共和国的贵宾。那么，他为何自杀呢？让我们看一下茨威格自杀当天写的绝命书：

> "在我自觉自愿、完全清醒地与人生诀别之前，还有最后一项义务亟须我去履行，那就是衷心感谢这个奇妙的国度巴西，它如此友善、好客地给我和我的工作以憩息的场所。我对这个国家的热爱与日俱增。与我讲同一种语言的世界对我来说也已沉沦，我的精神故乡欧罗巴亦已自我毁灭，从此以后，我更愿在此地开始重建我的生活。但是一个年逾六旬的人再度从头开始是需要特殊的力量的，而我的力量却因长年无家可归、浪迹天涯而消耗殆尽。所以我认为还不如及时不失尊严地结束我的生命为好。对我来说，脑力劳动是最纯粹的快乐，个人自由是这个世界上最崇高的财富。我向我所有的朋友致意！愿他们经过这漫漫

长夜还能看到旭日东升！而我这个过于性急的人要先他们而去了！"

此时，米斯特拉尔万分自责，她已经察觉了他内心的悲伤，却没有再次约见他们。终于，他因"精神故乡——欧洲"的沉沦而感到绝望至极，走上了不归路。

米斯特拉尔受了很大的刺激，终日沉默不语。她的好友帕尔玛·纪廉一边悉心地照顾着已经17岁的英英，一边帮着米斯特拉尔处理一些日常工作，一直默默地守在她身边。她知道，此刻女诗人的内心充满了对死亡的恐惧。四个月后，她才有勇气再回忆这一幕，写下了《茨威格之死》。

与此同时，米斯特拉尔接到知己好友——智利总统佩德罗·阿吉雷·塞尔达卸任总统的消息，这对于她，无疑也是一个坏消息，但她知道，佩德罗代表的人民阵线终会站到最后。

慢慢地，米斯特拉尔把所有的注意力都集中到英英身上，仿佛只有英英才是她全部的精神寄托。十几年的养育，米斯特拉尔早已经忘却了这个孩子只是与自己有血缘关系的侄儿，她把他看成是最重要的亲人，最亲的儿子。

受米斯特拉尔的影响，英英对文学产生了强烈的兴趣，还写了一部小说。她发现，英英的散文体小说语言纯净朴素。但内心悲观，也许这就是戈多伊家族式的悲观吧。

英英也是个敏感又性格忧郁的孩子，学校里的孩子管他叫"法国佬"，笑话他"驼背"，这都让他受不了。有一次，英英邀请一个女孩子跳桑巴舞，那些坏小子们高声冲那个女孩喊：

"喂，那个漂亮的小姐，这小子曾经找过妓女。哈哈哈……"

那个女孩白了他们一眼，继续和英英跳舞。但英英的内心却受到了极大的伤害。

米斯特拉尔了解英英这一点后，就劝他尽量少出门，要多留在家里。但她的方法却适得其反，这让英英觉得自己与众不同。那些说风凉话的人又开始攻击英英：

"人家妈妈是领事，哦，还会写诗呢，爱情诗。哈哈哈……人家想住哪就住哪。是不是法国佬？"

英英很难过。他不知道，为什么那些人总要对他恶语相加。

米斯特拉尔爱子心切，她只知道一味地保护英英，却很少从英英性格上的弱点来改变他，他们母子相依为命。

当米斯特拉尔在夜里身体不适时，小英英会起来照顾她。让她体味母子情深的温暖，她觉得英英真的长大了。

小英英也有过一次恋爱，他爱上了一个德国女孩儿，可学校那伙坏小子们总是搞破坏。说那个女孩儿是只母老虎，说英英就是她的一只小幼崽。英英无法正确看待自己，他不知道，自己到底是什么样的人，为什么总会有人欺负他，排挤他。

米斯特拉尔看在眼里，他劝英英："你是一个非常棒的小伙子，你的人品、经济状况、文化素养都超过学校的任何一个男孩儿。你如果真的爱那个德国女孩儿，妈妈会让你们结婚，与妈妈一起生活。行吗？"

"不，我不离开妈妈，也不结婚。"英英幽幽地说。

其实，在很多学校，都会有一个类似团伙的一群人，他们集中攻击或排斥一个他们嫉妒或不喜欢的人，那个人越是软弱，他们越是欺负，来获得快感。英英就遇到了这样一群人。当然，当时正值第二次世界大战，黑手党也活动猖獗，有两个自称是黑手党的人也曾威胁过英英。这让英英的内心充满恐惧。

1943年8月初，米斯特拉尔好像预感到会出什么事似的，一直守在英英身边，和她谈话，好像生怕他被人夺走。她给他制定计划，她告诉英英，她已经给他攒够了一笔钱，可以供他读书，也可以让他做生意；如果喜欢，还可以专业从事写作。

可米斯特拉尔的预感还是灵验了，小英英在参加一次同学聚会后，自杀了。

米斯特拉尔完全崩溃了，她全部的精神寄托，全部的爱，都成了泡影。她拿着英英留下的字条，反复地看，反复地念。

她无法接受这个现实，她坚持说这是一起谋杀，或者是受人诱骗而自杀。

就在英英死的当天，她就给智利驻巴西的使馆打电话，她需要搬到旅馆去住，她不能面对这个英英生活过的屋子里没有英英的事实。但不知出于什么缘故，大使没有为她安排旅馆，也没有派人来。这深深刺痛了她敏感的神经。

她躺在床上整整九天，好像不能思维，沉浸在极度的伤痛中。

当她缓过神来时，她开始自责，自责不该到巴西来，她觉得英英出生在欧洲，那里没有美洲大陆的陋习。而英英现在生活的地方思想混乱，爱撒谎，虚伪。可欧洲正在打世界大战啊。她又开始抱怨命运，抱怨生活的残酷。可不管怎样，她的英英都已经走了，她无法让他死而复生。

仿佛一夜之间，这个柔情的母亲头发变得灰白。

她不停地回忆英英的好：她与英英走在寒冷的街上，英英总是走在她的右侧，为她挡住风寒；夜里，当她呼吸不顺畅时，英英会端来一杯水，静静地服侍她喝下……

可现在，那个为他挡风的小伙子走了，再也没有人关心她了。除了一个卧床不起的姐姐，她再也没有别的亲人了。而她的姐姐已经70岁了，谁知道哪一天就会离她而去呢。

那一段时间，米斯特拉尔几乎要疯掉了，她甚至相信巫术以期英英能起死回生。回天乏力之时，她就在母亲留下的十字架前虔诚地祈祷，这声声悲凉的祈祷贯穿了她的余生。

第八章　荣获诺贝尔文学奖

1. 获奖前的宁静

沉浸在丧子之痛中的米斯特拉尔来到巴黎，去询问出书的事。

当她看到法文版的诗集时，对译者的翻译表示出强烈的不满。她说，这个译本不但没有将她的诗意表达出来，还塞进不少原文没有的东西，她找到智利驻巴黎大使，让他制止这部书的出版。

此外，她还为瓦莱利为她的书写序这件事生气。

她把气统一撒在了译者玛蒂尔德·波梅斯身上："你是知道我的脾气的。我很坦率，甚至会带着粗鲁把我所想的讲出来。我不懂，干吗要找这个瓦莱利写序。他又不懂西班牙语，这是多么严重的事情。他应当读一读西班牙语的东西，就像我也应该念念英语一样，有些成语我根本就弄不懂。

"朋友，因为这种理解别人心灵的事与才能和文化不沾边，请原谅我这样断言，因为我相信种族是存在的，此外还有相互对立的气质……我的诗与他的诗差别太大了，对于这个人的文才、学者风度，我佩服得五体投地，也许在欧洲，也许是全世界都没人能比过他。但他却是在为一个南美人，特别是我这样一个南美人写序言，这完全与他的世界格格不入。我是一个原始人，一个属于半文明时代的旧社会的女儿，一个梅斯蒂索女人，还是其他种种——保罗·瓦莱利所不能理解的……"

对于其他种种，那就是加夫列拉·米斯特拉尔的自尊。她总自称是女农民，印第安的混血人（即梅斯蒂索人），她不喜欢对荣誉和赞美孜孜以求的人，看不惯沽名钓誉。她曾写一篇文章，嘲笑那些美洲大陆的同胞，他们热衷于跑到欧洲来，把自己的作品硬塞给那些对其作品毫不了解的名家，靠支付高额的"润笔"费用来为自己的作品写序，以抬高自己的声誉。现在，自己却扮演这样的角色，她觉得这样的事情会给自己一贯的作风抹黑，自己打了自己的嘴巴，她宁愿永远默默无闻也不要这种庸俗的交易。

于是，她恳求道："为此，亲爱的玛蒂尔德，我请求你，哀求你，恳求你把钱付给瓦莱利，因为付出劳动了，付钱是合情合理的。但千万不要把前言收录进去，否则你们会逼我干一件要命的事：把那前言从一本一本的书上剪下来。

"你知道，我并没有读过那篇文章，并不是我期待夸奖或者为此感到失望，我只是出于一个农民的正直，出于一个中年妇女的正直，我不能接受这样的事情。"

真是令人难以置信，为了一篇序言，米斯特拉尔居然如此大动肝火。可见她是一个心口如一的正直坦率的人，她不容许因为功利而违背自己的处世原则，一个不了解她的人因为五万法郎却来分析她的文章，对于她简直是种侮辱。

米斯特拉尔认为自己很有道理，但瓦莱利也没有过错。这只不过是两个世界的碰撞而已。瓦莱利代表的是旧欧洲大陆的知识界，他的诗歌蕴藏着抽象而伟大的思想哲学，米斯特拉尔承认他是诗坛上的一位教皇，但却认为他的作品是板着面孔的，这就是不同的观念所至。

米斯特拉尔并没有制止事情的发展，出版商们在智利政府的授意下，乐此不疲地出版了这种诗集，并及时推荐到瑞典皇家学院再译成瑞典文。米斯特拉尔疲惫了，她不想与这些几乎"丧失理智"的人争论，她的思想里，这一切，都是徒劳。

其实，米斯特拉尔还是沉浸在丧子的悲痛之中，她感觉不到生活的乐趣和甜蜜，即使努力过后，就是一个辉煌的大奖，对于她，也不敌一个可爱的儿子陪在身旁。

于是，她静静地回到巴西，她搬到一个小旅馆里。

她逃离了整天能想起英英的环境，她希望自己能振作起来。

在法国，为米斯特拉尔写序言的保罗·瓦莱利正在为自己能获得1945年的诺贝尔奖而期待。那是他梦寐以求的最高奖赏，他也自认为最有这个资格。因为野蛮的二战，神圣的诺贝尔奖中断了好几届。

聂鲁达在他的回忆录《回首话沧桑》一书中，对保罗·瓦莱利有过这样一段令人心酸的描述：

"……在巴黎时，有人告诉我一件凄凉的幽默故事，提及的是保罗·瓦莱利。他的名字传遍法国，报纸上的报道都认为他是当年的诺贝尔文学奖最具资格的候选人。在斯德哥尔摩投票决定得奖人的那天上午，瓦莱利为了缓解即将到来的消息给他造成的紧张不安，一大早就带上手杖和狗，离开在乡间的家。

"中午吃饭时，他远足回来。一打开大门，就问女秘书：

"'来过电话了吗？'

"'来过，先生。几分钟前，斯德哥尔摩有电话找您。'

"他显得异常的激动，颤巍巍地问：'他们说了什么消息？'

"'有位瑞典新闻记者想知道您对妇女运动的意见。'"

聂鲁达描述的这个画面的确很凄凉，因为，1945年7月20日，这位"诗坛的教皇"与世长辞了，享年73岁。在他离开世界前，他得知，那个高高大大的不修边幅的农村妇女，那个来自遥远国度的女人，那个因为他的序言在欧洲出了名的女人，竟然获得了自己一生都在追求的诺贝尔奖。在他写下序言的那一刻，也许就注定了他与她的不解之缘吧。

2. 沸腾的美洲

1945年10月中旬，有两名记者来到巴西佩特罗波利斯加夫列拉·米斯特拉尔的住所，告诉她———一位智利乡村的女教师，卢西拉·戈多伊·阿尔卡亚迦，笔名加夫列拉·米斯特拉尔，获得了1945年度的诺贝尔文学奖。

米斯特拉尔还沉浸在失去英英痛苦之中，平静地对兴致勃勃的记者说：我还不知道这个消息，去年就有人跟我说过同样的话了，但我不相信。

她认为这是她的一些朋友瞎起劲，到处给她树立形象，她甚至还责备这些人，实在是不明智。无论记者怎样说得有根有据，她都平静地告诉他们："这是一些朋友们善意的谎言，你们请回吧。"

直到有一天，她正待在小旅馆里听收音机，收音机里正在插播新闻。播音员停顿了一下，播出了1945年的诺贝尔文学奖颁给了智利的女诗人加夫列拉·米斯特拉尔这一消息，她才真的相信了。

她在母亲留下来的十字架前跪了下来。那十字架总是陪伴在她的身旁。她泪流满面地祈祷：

"基督耶稣，让您这卑微的女儿配得上这崇高的桂冠吧。"

可此刻的她，还是有些神情恍惚，游离在生活之外。对于她，一切都不太真实，也不太亲近。

1945年11月15日，米斯特拉尔的家里挤满了记者，电话响个不停，以至于不得不把话筒摘下来。祝贺声，欢呼声不绝于耳。在拉丁美洲这块广袤的土地上，米斯特拉尔是第一位获得此项殊荣的人。北起墨西哥，南到巴塔哥尼亚都沸腾了。那一天的清晨，千万所学校都唱起了她作词的《龙达》，熟识与陌生的人，都用各种方法表达恭贺之情。爱她的人们希望用一声祝福来冲淡英英夭亡给她带来的悲伤。

瑞典斯德哥尔摩的《达根斯·尼赫特尔报》也对米斯特拉尔做了高度的评价，说她是"美洲大陆母亲的象征"。

米斯特拉尔在一片欢腾与祝福中，感觉到一种责任。她决心振作起来，为爱她支持她的同胞们振作起来。于是，她给瑞典方面写了封感谢信，并告诉他们，她与秘书将在一周之后，乘船到哥德堡，她委托智利大使馆替她预订房间。

米斯特拉尔这次瑞典之行牵动了无数人的心。由于她平时着装随便，疏于打扮，一位举止高贵的法国大使夫人送来了一套面料及款式都十分考究的衣服，驻巴西使馆的智利同胞亲自送行，里约热内卢港成了一片花的海洋，米斯特拉尔激动地与热情洋溢的美洲同胞们告别，此别虽然短暂，却定格了她人生中永恒的瞬间。

从哥德堡到斯德哥尔摩火车站，智利驻瑞典大使馆外交官们一路相陪。在斯德哥尔摩火车站，瑞典皇家学院的一位代表已经在那里迎候。一位叫加哈尔多的大使馆同胞问米斯特拉尔："授奖时穿的衣服，您带来了吗？"

"没有，就是平常穿的。"米斯特拉尔很平淡地回答。她认为，她身上穿的这件，法国大使夫人送来的衣服已经相当体面了。

"可是，国王、王储，整个皇族和宫廷的人，还有整个国家的精英都会到场，您必须穿黑色的长礼服，最好是天鹅绒的。"这位好心的大使语气坚定地"命令"她。

米斯特拉尔被他感动了，她清楚，她此时代表的，不仅仅是自己，站在领奖台上的还有一个狭长而丰富的智利，于是，她感激地冲那位大使微笑着说：

"放心，我会穿上一件最美丽的天鹅绒长礼服出席授奖仪式。"

那位大使与她会心一笑，米斯特拉尔此刻的心中充满了对祖国的柔情。

事实上，诺贝尔奖的颁奖仪式上所穿的服装的确是非常讲究的。不论是获奖者还是与会者，都会被告知：男士一定要穿黑色的燕尾服，女士则穿长晚礼服。

米斯特拉尔为了能在授奖仪式上，体现南美洲人民对瑞典的尊重与重视，去找了斯德哥尔摩一家最有名的时装店，请他们为自己赶制一件天鹅绒的黑色晚礼服。有意思的是，店主知道这位高贵的女士是来领取诺贝尔奖的，竟然分文不收；而一家名叫杰森的首饰店也尤为热情，他们给米斯特拉尔送来一串银制的礼服饰件。

这样，米斯特拉尔穿着高贵的礼服，带着精致而美丽的饰品出席诺贝尔文学奖的颁奖礼。

3. 光荣的时刻

1945年，人类社会所进行的规模最大的全球性战争——第二次世界大战结束了。12月10日，斯德哥尔摩的举世闻名的皇家音乐厅里灯火辉煌，人们喜气洋洋，但这不仅仅是因为二战的结束，更重要的是，瑞典国王要为今年的诺贝尔奖获得者颁奖。下午5点钟，音乐厅的舞台中央悬挂着两面瑞典国旗，周围是获奖人国家的国旗。

舞台上，端坐着本年度的诺贝尔奖得主，米斯特拉尔穿着黑色的天鹅绒长礼服，带着精美的项链，高大的身材，碧绿的眼睛，格外引人注目。每当主持人念到一位获奖者的名字，全场就发出一阵热烈的掌声，当瑞典皇家学院为他念完授奖辞后，此人便会在优雅的号声中，走到乐池与国王握手，并从他手中接过奖状、奖章和奖金支票。米斯特拉尔是第三个被念到名字的人，为她做简介的是瑞典诗人亚尔玛·古尔伯格。他不仅是皇家学院的秘书长，还是位著名的翻译家。她曾把米斯特拉尔的许多诗歌译成瑞典文。他的发言一部分用瑞典文，一部分用西班牙文。

尊敬的国王陛下、尊敬的女士们、先生们：

在不远的过去，一位母亲的泪水曾使一度为人们所鄙弃的语言以其诗歌的力量重新显示了异彩，获得了荣誉。据说，当被誉为具有地中海气质的两位诗人中的第一位——弗雷德里克·米斯特拉尔——在学生时代写下自己的第一批诗作时，他的母亲曾为此流了许多激动的泪水，尽管作为一位没有受过教育的普里旺斯的农村妇女，诗人的母亲当时并不完全理解他的杰出的语言。接着，米斯特拉尔又创作了《米洛伊》这部描述一位年轻俊俏的乡村姑娘爱上贫穷工匠的长诗。这是一部散发着花卉之乡的芬芳，但故事结局却又十分不幸的叙事诗。因此，古老的行吟诗人们所用的语言又一次成了诗的语言。一九〇四年度诺贝尔文学奖的颁发引起了世界的瞩目。十年后，这位创作《米洛伊》的诗人离开了人世。

就在同一年，即第一次世界大战爆发的一九一四年，在世界的另一端又有一位新的米斯特拉尔登上了诗坛。这就是加夫列拉·米斯特拉尔，她在智利圣地亚哥的赛诗会上，以几首献给亡人的诗作获得了奖赏。

南美各国人民都非常熟悉她的生平事迹，大家彼此相传，如同传奇故事一样。现在，加夫列拉·米斯特拉尔穿过安第斯山的群峰，越过烟波浩渺的大西洋，终于来到了我们中间。我们应当回顾一下她的履历。

几十年前，在艾尔基山谷的一个小村庄，诞生了一位名叫卢西亚·戈多伊·阿尔卡亚加的未来的小学教师。戈多伊是她的父姓，阿尔卡亚加是她的母姓。父母都是巴斯克人的后裔。父亲是一位小学教师，能毫不费力地即席赋诗；他的禀赋中似乎既有诗人所特有的执着追求的一面，也有诗人所常有的犹豫不决的一面；他曾为女儿修过一个小花园，却又在女儿的孩提时代就离开了家。美丽的母亲活了很大年纪，她说自己常常发现可爱的女儿在同小鸟和庭院中的花儿亲切地交谈。据一个传奇版本说，诗人曾被学校开除过，那显然是因为嫌她太笨了，认为不值得在她身上浪费时间。但是诗人以自己特有的方法进行自学，终于成为坎特拉的小学教师。正是在这里，二十岁的她，决定了自己一生的命运，对一个铁路雇员产生了炽热的爱情。

关于他们之间的爱情故事，我们所知甚少，只知道那个雇员辜负了她。1909年11月的一天，他用枪击中自己的头部，自杀了。年轻姑娘陷入了无限绝望的境地。她像约伯一样，向苍天呼号，诅咒不该发生这样的悲剧。从此，在这贫瘠、枯黄的智利山谷中，升起了一个伟大的声音，这是遥远的人们都能听得到的声音。日常生活中的不幸不再具有个人色彩，而成为文学作品的内容。卢西亚·戈多伊·阿尔卡亚加也成了加夫列拉·米斯特拉尔。这位本来无足轻重的乡村小学教师一步步登上了拉丁美洲精神皇后的宝座。

如果说为悼念亡人而写的诗篇曾使这位新诗人崭露头角，那么以加夫列拉·米斯特拉尔为名所发表的那些忧郁、多情的诗篇则使她名闻南美各国。然而直到一九二二年，诗人才在纽约出版了自己的大型诗集《绝望》。当一位母亲读到这部诗集，当她读到第十五首诗时，也突然泪如泉涌，为死去的儿子，为再也不能复活的儿子痛哭流涕……

加夫列拉·米斯特拉尔把她那天然的爱情完全倾注

到她所教育的无数的孩子身上。她为孩子们所写的、可以轮唱的诗篇于一九二四年在马德里汇编出版，题名为《柔情》。为了向她表示敬意，四千名墨西哥儿童曾演唱了这部诗作。从此，加夫列拉·米斯特拉尔成了公认的女诗人。

一九三八年，为了捐助西班牙内战的青少年受害者，她的第三部长篇诗集《有刺的树》在布宜诺斯艾利斯出版。（又可译为《劫掠》，同时也是一种儿童游戏。）与《绝望》的凄楚基调迥然不同，《有刺的树》表达了南美的宁静和悠然自得的生活画面。它的芬芳已从远方传到我们这里，使我们仿佛又一次置身于诗人童年时代的花园之中，使我们又一次在倾听她同大自然、同草木花鸟的亲切交谈。这一切简直是把赞美诗和天真烂漫的童谣奇妙地融为一体了！这些歌唱面包、酒、盐、谷物和水——饥渴的人所需要的水——的诗篇是对人生的基本生活必需品的最好的礼赞……

诗人用她那慈母般的手为我们酿制了饮料，使我们尝到了泥土的芬芳，使我们的心灵不再感到饥渴。这是来自艾尔基山谷的加夫列拉·米斯特拉尔的心田里的泉水，它的源头永远不会枯竭。

加夫列拉·米斯特拉尔女士，为了接受这一简短的致辞，您无疑走过了一段漫长的历程。在短短的几分钟内，我概述了您从一个小学教师到登上诗坛王位的非凡而又卓越的艰苦经历。为了向丰富多彩的拉美文学致敬，我愿借此机会向拉美文学的皇后、伟大的悲剧女诗人、《绝望》的作者表示谢意！

现在，请您从国王陛下手中接过瑞典学院授予您的诺贝尔文学奖。

瑞典学院院士亚尔玛·古尔伯格

古尔伯格的话音刚落，优美嘹亮的号声就响彻音乐厅。米斯特拉尔在人们的掌声与注视中，缓缓地向乐池中走去。她的头发向后挽起一个髻，饱满的额头在灯光下泛着智慧的光，她的头昂着，高高大大的身材有如一尊安静的雕像。

瑞典国王古斯塔五世微笑着在那里迎候她，米斯特拉尔带着优雅的笑容，站在国王面前。国王用英语和善地与她低声说了几句话，她微笑作答。然后，淡定地从国王手中接过一张奖状、一枚实心金制奖章和一张5000英镑的支票，给所有人一个感谢的笑容。

在场的人们为她热烈地鼓掌，这掌声经久不息。

米斯特拉尔把眼睛盯在一个包厢上，那里坐着的男孩怎么那么像英英？她抑制住夺眶而出的泪水，一步步登上台阶，坐在座位上，但她还是忘不了刚才那与英英一样的眼神。她认定，是英英的灵魂与她一道来到了斯德哥尔摩，英英在祝福她。

授奖仪式结束后，米斯特拉尔参加了皇家学院的院士们举行的晚宴，在晚宴中，她发表了答谢词。

一时间，在米斯特拉尔的面前，总是涌着大批的记者，他们问这样那样的问题，让她应接不暇。

一个记者问她："请您评价一下，您是属于哪一种人？"

米斯特拉尔皱一下眉头，很严肃地回答："我是一个传统的左派，一个社会主义者。但我可能还是一个比较另类的社会主义者，我痛恨那些为了个人益而对劳苦大众遭受剥削和压迫而无动于衷的人。"

她的这一回答无疑在给自己树敌，在智利民主化的进程中，很多文人、知识分子及政府官员都明哲保身，但米斯特拉尔却如此敢怒敢言。

作为第一个获得诺贝尔奖的拉丁美洲人，米斯特拉尔在答谢辞中所说的"侥幸的成功"也的确是她的心里话。在她的心目中，有几个人比她更有资格获得此项殊荣，比如她提过的委内瑞拉的罗慕洛·加列戈斯、墨西哥的阿尔丰索·雷耶斯等等。

1939~1945年，欧洲正处于第二次世界大战之中，所以颁奖曾中断了好几年。总不能在希特勒占领着邻国挪威时，在瑞典却颁发什么和平奖，直到1945年希特勒在他的第三帝国之梦化为灰烬时，颁奖活动才得以延续。所以，阿尔丰索·雷耶斯等人至死都与诺贝尔奖无缘。

但正直的阿尔丰索·雷耶斯却为米斯特拉尔感到十分高兴，虽然他的心中会有一丝淡淡的忧伤，但他觉得这样很公平，他赞扬米斯特拉尔说："加夫列拉·米斯特拉尔是美洲的思想与感情的最高标志，她犹如愤怒的预言家，在反对历史沉积下来的错误。她是信仰、希望和仁爱的化身，会给予人类一片更加美好的大地。她的手中在空中划出神奇的手势，她的名声在闪烁，照亮一个更加公正的社会。无论任何痛苦与欢乐，她都能做到荣辱不惊。我们美洲的每一次脉动都震动着她的心。她广阔的诗歌编织着各种图画，那是由人的劳动与美德构成的图画。犹如古人相信赫拉克勒斯（希腊神话中的伟大英雄）建成了迪迪马的祭坛，是用来祭祀牺牲者的血、骨头和身躯。我很少讲这样冲动的话。我把我的热情留给配得上的人。"

米斯特拉尔的确配得上这样的"热情"，她的一生都在向历史沉积下来或正在发生的"错误"呐喊。

4. 获奖之后情系祖国

诺贝尔文学奖给米斯特拉尔带来了巨大的荣耀，意大利、法国、美国到处有人邀请她进行演讲。这时，久违的智利政府也邀请她回国，但米斯特拉尔婉拒了祖国似乎有些迟到的热情。

其实，她是多么爱她的祖国智利，那里的山山水水无时无刻不在她的脑海里，早在1935年，她在西班牙就为智利写了九首长长的颂歌，用最美的语言歌颂那里的崇山峻岭，那里的浩渺海洋，那里的海员、矿工，那里的林荫小路，那里的水果那里的岛屿，还有民间工艺和舞蹈。她的心中，智利是一条斑斓的彩带，歌颂祖国，那是自己作为智利人的职责。

但她没有像大家想象的那样，获得大奖后而荣归故里。一是身体原因，她当时已经患有严重的糖尿病与心脏病，需要疗养、治疗；二是即使她回到智利，官方会让她从一个地方跑到另一个地方，每天会见、拍照、演讲等等，她喜欢宁静的智利，如故乡的小山村一样，只是，有山有水有葫芦里的马黛茶，所以，现在回去不合时宜。

在她拒绝智利政府的邀请后，在给一个朋友的信中说："我现在的身体情况是无法进行为期一个月的旅行的，可我是多么想念智利，到那人烟稀少的边远地区，去和那里的人聊上几个星期……我知道，我应当把自己交付给人民，而智利人总是把否定的答复看成是找借口或者是不友善，我在那里有太多的人恨我，那完全是一大笔无缘无故的仇恨，我视这种仇恨为财富。"与她曾一同担任西班牙领事的朋友路易斯·恩利克曾回忆说：加夫列拉总是求他给她寄一些关于智利地理、历史与鸟类的书籍。他说她真是一个怪人，她是自我流放而离开智利的，但她的情怀却总是萦绕着智利。

为解思乡之情，也为了更多的人了解她的祖国，她创办了一个播音节目："智利可听的小地图"。她的想法是除去可以看到的、触摸到的地图外，还应当有可以听见的地图。把智利山水间的涛声、鸟鸣、风声及妇女们讲话柔和的声音等等，都收录在自己的广播节目中，从黄沙荡荡的安托法加斯塔到寒冷广阔的巴塔哥尼亚，每一种来自故乡的声音，都让她魂牵梦萦。

　　是的，米斯特拉尔就是这样一位"怪人"，她不愿意参加那些盛大的欢迎会，更不愿意让人把她奉若神明。何况，在智利，她的爱恨情仇交织着，理不清，剪不断。她的性格坦诚，没准因为说错了哪些话，又被那些别有用心的人骂，还不如在外国的好。她思念故国，就默默地赞美故国的山山水水，她在加工润色一本长长的《智利散文集》。

　　获奖之后，她依旧朴实地"流浪"着，她受不了别人对她的阿谀奉承。西班牙马德里出版了一本题目是"神圣的加夫列拉"的书，听到这个消息，米斯特拉尔气得竟然鼻涕一把泪一把地哭了起来：我怎么就被称为"圣女"了呢？我更不是什么"美洲的大师"。

　　她对这些说法更是充满排斥：

　　"我算什么美洲的创造者？首先，我对这些国家有深深地沮丧感。每一件事都使我的感觉更强烈。我放弃了自己在若干年前那种弥赛亚（即救世主）的姿态。一方面我觉得弥赛亚有些虚荣，另一方面也是太天真了；还有一方面就是好说空话，好大喜功，在一些知名的广场举行群众大会说些不切实际的空话。我坚决地与'美洲的大师'决裂了。"

　　她这样有些"过激"的反应，恰恰流露了她对那种"虚伪"、"空洞"的拒绝。

　　她就是这样一位低调的诺贝尔文学奖的获得者，她的心里，除了那些视如生命的诗歌，还有她的祖国、受压迫人民和妇女儿童，呐喊着维护世界和平，对自己的荣誉与生活，她都心如止水。

第九章　流浪

1. 心系印第安人和儿童

当米斯特拉尔以贵宾的身份结束对法国、意大利的访问后，回到巴西佩特罗波利斯之家时，人去楼空。失子的切肤之痛让她难以自拔，英英的身影好像总是萦绕在这间屋子，但却无法相见。这让她痛苦万分，她想，如果换个环境居住，也许能减轻她的臆想与思念。

于是，她决定到美国的加利福尼亚州，那里有山有水，有宜人的气候和优美的风景。很快，智利的外交部部长任命她以智利驻联合国代表的身份到美国的旧金山，负责刚刚成立的联合国儿童基金会（UNICEF）的工作，也是联合国儿童基金会的创立者之一。

米斯特拉尔为联合国儿童基金会写了一份题为《为了儿童》的号召书，这本书广为散发，影响很大。米斯特拉尔一生未育，却把母爱传遍了整个世界，直到现在，她为儿童所著的诗句还广为流传："许多需要的东西，我们可以等待，但儿童不能等，她的骨骼正在形成，血液正在生成，心智正在发育，对儿童，我们不能说明天，她的名字是今天。"

在旧金山，美国总统杜鲁门要接见加夫列拉·米斯特拉尔。当时智利国家文学奖的获得者翁伯特·迪亚斯·卡萨诺瓦在智利驻美国大使馆工作，他详尽地回忆了当时他所看到的最真实的一幕：

"杜鲁门要接见加夫列拉·米斯特拉尔。从使对我说：'翁伯特，你去当翻译吧！'我有些紧张，因为，一个是拉丁美洲知识界的最强者，一个是最强大国家的总统。作为智利同胞，我必须说服加夫列拉·米斯特拉尔戴一顶有面纱的帽子，我清楚，她平时是不戴帽子的。米斯特拉尔是个相当随和的人，她接受了我的建议。

那天，杜鲁门很亲切地接见了我们。他微笑地问：'很荣幸，加夫列拉小姐，在美国还好吗？'

'总统先生，感谢这个机会让我也有幸向您问候，我在美国生活得很好。'

'祝贺您获得了诺贝尔文学奖。'

'谢谢您，总统先生。'

'您喜欢华盛顿吗？'

'是的，很喜欢。'

"于是，我就琢磨，我之前的紧张真是没有必要，这种翻译不仅很容易，也很无聊。然而，让我冷汗直流的时刻突然到了，米斯特拉尔让这似乎'一般'的会面一下子变得'非同寻常'，她突然问道：'总统先生，让一个像特鲁希略这样残酷的独裁者继续统治多米尼亚共和国，您不觉得这是个耻辱吗？'

"杜鲁门嘴角扯了一扯以示微笑没有作答。可加夫列拉又接着说：'总统先生，我向您提出一点要求：您领导的国家这么富裕，真应当帮助一下我们拉丁美洲的印第安人，他们还那么贫穷、饥饿，以至于不能读书。'

"杜鲁门还是笑了笑，没有言语，我紧张起来，礼宾司长着急了，他想必须结束这次会见。于是，他打电话给大使们，告诉他们马上出来见总统，对他微笑。

"于是，我们就给后人留下了在杜鲁门总统面前一张笑容僵硬的照片。"

这次会面让翁伯特对米斯特拉尔刮目相看。他对这个高高大大，素面朝天的女人充满了敬意。以至于米斯特拉尔的最后时刻，他都陪伴在身旁。

然而这样的事情不止一次，当1950年意大利教皇庇护十二世接见米斯特拉尔，祝贺她荣获诺贝尔文学奖时，她的谈话却总是围绕着美洲的印第安人进行。

最后，教皇问米斯特拉尔："尊贵的女士，要不要我向上帝为您做一次特别的祈祷？"

"哦，不，神圣的教皇，我自己会请求上帝的，请您为美洲的印第安人祈祷吧。"米斯特拉尔急切地回答道。

她就是这样，不放过任何一次可以为印第安人说话的机会。

米斯特拉尔有一双收不住的脚，尽管她身患心脏病与糖尿病，已经是渐入老境的妇人了，她依旧无法在一个地方久留，似乎是一叶浮萍，不停地寻找它的根茎。

于是，她从旧金山到洛杉矶又到圣巴巴拉，在美国的三年中，她换了三个地方。最让她值得回忆的是，在洛杉矶，她与来自德国的著名作家、1929年的诺贝尔文学奖获得者托马斯·曼结下了深厚的友谊，当时托马斯·曼即将完成他的长篇小说《浮士德博士》。

而此时，她最亲近的墨西哥女友兼秘书帕尔玛·纪廉受政府的委派，任墨西哥驻瑞士领事，她新的26岁的女秘书多丽丝·达那来到了她的身边。这个来自美国纽约的女秘书与之前的劳拉·罗迪格一样，对米斯特拉尔充满崇敬。

米斯特拉尔在工作之余，坚持写作，而多丽丝·达那总是捡回被她撕掉的手稿粘好，再还原。在米斯特拉尔去世后，多丽丝曾给世人留下女诗人5万页的手稿及200本笔记簿，现在这些手稿都保存在华盛顿议会图书馆。

米斯特拉尔不会理财，不懂家务，这些年来，她的生活都是劳拉·罗迪格与帕尔玛·纪廉这两位女秘书精心照料。如今，这第三位女秘书又成了米斯特拉尔最亲最近的人。而这些最亲最近的人，不得不跟随她四处"流浪"，而下一站旅程起程在1948年，目的地是墨西哥，一个印第安面孔穿行的城市——韦腊克鲁斯。在这里，米斯特拉尔感到亲切，因为她从不隐瞒自己的印第安人血统。

她住的地方是一所农舍，是一个酷爱诗歌的墨西哥有钱人的农舍，距农舍不远，有一个小教堂，米斯特拉尔仿佛回到了童年的家中。此刻，她就像一个慈爱的乡村女贵族，接待前来寻求她支持的人。更多时候，都是一些邀请，比如让她支持某个和平大会，或者参加某个会议的讲话等等。也有一些不速之客，有的是一些穷困潦倒的文人为自己寻求一个避难所，也有一些尊贵客人的拜访。

委内瑞拉的罗慕洛·加列戈斯这个与诺贝尔奖擦肩而过的作家，就曾来到这个农舍，与米斯特拉尔畅谈文学。

墨西哥总统为米斯特拉尔获得诺贝尔奖而感到自豪，他决定赠给她一块面积为40公顷的国有土地，并且可以在韦腊克鲁斯的任何一个地方挑选。但米斯特拉尔婉言谢绝了。她知道，还没有哪位墨西哥作家享受过这种厚待，而她接受了这种馈赠，就等于接受了一种承诺，而自己，所讲所言，都是出自一种美好的情感，不想人们为这种情感染上铜臭。墨西哥有的学校用自己的名字命名，已经让她倍感安慰，土地、金钱，对于她来说实在是无足轻重。

她的身体状况越来越差了，腿也肿得厉害。她需要一种能疗养的环境，于是，她想到了意大利的那不勒斯。她似乎感到了死神即将来临，于是想起了在意大利时，人们常说的那句“朝至那不勒斯，夕死足矣”的感叹，她想，也许那不勒斯会是她人生的终点吧。

于是，1950年，她出任意大利那不勒斯的领事。

2. 那不勒斯的日子

　　米斯特拉尔喜欢意大利，她把意大利看成是自己心灵的摇篮。人们把意大利比做伸进地中海的一只长靴，她喜欢这绿意盎然的靴子，钟情于这块丰腴的土地，热爱这里生机勃勃的人民。在这里，历史的遗迹随处可见，那城垛，那教堂，那石桥，都是一段段活生生的历史。

　　于是，她打算用诺贝尔奖奖金在这里买一幢房屋，想把自己的晚年安放在这座古老而美丽的城市。多丽丝·达那请了长假回纽约探亲去了。她临时请来一位女秘书帮忙。但这位女秘书心术不正，却把房契办在了自己的名下。这事是在很长时间后，米斯特拉尔在一次房产抵押中才发现，但她却没有声张，也没有为此打官司，她不愿意因为财产问题而引发丑闻。这样，她的那笔奖金损失了近三分之二。这也许是她后来移居到纽约的一个不为人知的原因吧。

　　但在意大利的大部分时间，多丽丝·达那都陪在米斯特拉尔的身边，她还为孤独的米斯特拉尔买来一只宠物狗，起名约那斯。那只小狗善解人意，总是给女主人拖来鞋和袜，像个顽皮的孩子一样逗她开心。对于时刻怀念英英的米斯特拉尔来说，这也是一个不小的安慰。

　　多丽丝·达那有事回到纽约的家时，米斯特拉尔就会请求墨西哥总统，让她女友帕尔玛·纪廉来陪伴她。而帕尔玛·纪廉那时已经是优秀的外交家了，她的工资比米斯特拉尔还要高很多，但她们情深意厚，她很乐意放弃工作来陪伴她的知己好友。

　　身边有人照顾，米斯特拉尔就会悠闲地把笔记本摊开，放在膝头的一块平滑的木板上。这是她写作的习惯，总是把一些灵感这样随手记下来，日后整理成文。她一边吸着烟，一边冥想，这样的情景，贯穿了她最后的人生。

而此时，巴勃鲁·聂鲁达被智利右翼分子迫害而流亡到智利，他与他钟爱的妻子马蒂尔德·乌鲁蒂亚生活在美丽的卡普里岛。米斯特拉尔经常与聂鲁达夫妇一道喝茶或共进晚餐，她有时也会坐着轮船到他们夫妇暂住的别墅里小坐。为了招揽游客，轮船上会有一些打扮得漂漂亮亮的乐手，演奏着让人百听不厌的《我的太阳》，米斯特拉尔经常会被那些动听的音乐感动得热泪盈眶。这段相对安宁的时光给米斯特拉尔的晚年生活平添了一份美好的记忆。

当时的智利政府曾给米斯特拉尔发来一份通知，通知她所在的大使馆与个人严禁与流亡者聂鲁达发生一切联系。

但米斯特拉尔却根本不理睬这道禁令，她说："他们根本不了解我。我宁死也不会对一个朋友关上大门，更不用说一个像聂鲁达这样的诗人。"

米斯特拉尔与聂鲁达虽然在性格与诗歌的风格上，有很大的不同，但他们一直互相尊重，互相理解。

米斯特拉尔写过《记聂鲁达》的文章，她评价聂鲁达诗歌《只有死亡》："无论是有生命的或者是无生命的，死亡是最顽强的参照点，出现在聂鲁达的作品中，他为我们描述，以最不容置疑的形态交给我们的是废墟、垂危和腐败。"

在智利这段频繁的交往，让他们两人有了更深的了解，以至于米斯特拉尔去世之后很久，聂鲁达还去她的墓前探望。

米斯特拉尔一直是一位慷慨而富有爱心的人。她的领事馆经常接待一些慕名而来的人。记得在西班牙时，一位叫罗伯特·马塔的智利小伙子找到领事馆，当时他身无分文，浑身脏兮兮的。米斯特拉尔把他带回家里，并替他在浴缸里放满了水让他洗澡。小伙子躺在温暖的浴缸里舒服得竟然睡着了。米斯特拉尔感到很奇怪——这么久了，这个小伙子怎么还没有出来？于是，她敲了敲门。可里面没有任何反应。于是，她推开门，使劲地把这个小伙子叫醒。当罗伯特睁开眼睛时，以为眼前站着的就是画中美丽的维纳斯，他竟然张开双臂，向米斯特拉尔求婚。这个突如其来的举动让米斯特拉尔哭笑不得。日后，她回忆起这件事时，还忍不住发笑。因为这个小伙子是一位智利总统的后人，比她整整小了20岁。

当然，类似这样的事情还时有发生，只是，没有了求婚，只是单纯地求助。米斯特拉尔都会尽可能地满足求助者的要求，她永远铭记，自己就曾是一个贫困的乡村女孩，帮助那些需要帮助的人，是她永远的职责。

此间，米斯特拉尔力荐她的西班牙好友胡安·拉蒙·西梅内斯争取诺贝尔文学奖。她写信给希梅内斯的妻子塞诺维亚，告诉她该如何为丈夫做竞奖准备工作。并预言，像西梅内斯这样优秀的诗人肯定会在1952年或1953年间获奖。的确，西梅内斯获奖了，但却是1956年，当得到丈夫获奖消息后的第三天，美丽善良的塞诺维亚就带着微笑离开了人世。天大的喜讯与莫大的悲伤同时造访希梅内斯，1958年，这位"最近一年来，在文学方面创作出具有理想倾向的最佳作品的人"也撒手人寰，随爱妻而去了。

米斯特拉尔宁静地坐在窗前，凝望着美丽的海港，然而，与美丽宁静的港湾不和谐的是港中舶着二十来条战舰，那上面的星条旗在地中海上空飘扬，她难过，刚刚结束了第二次世界大战，冷战又开始了。她不希望再发生战火，她开始呼吁和平。

3. 为了和平与人权的呐喊

1950年11月，以美苏为首的东西方两大阵营进入了全面冷战状态。米斯特拉尔忧心忡忡，她为世界和平岌岌可危的前途担忧。她要打破报刊的封锁，把和平的声音传遍千家万户。她撰文说：

"不要害怕，也别胆怯，大声呼喊'和平与你同在'……勇敢一些，我的朋友们，和平主义不是一些人认为的那样，像甜蜜的蜂王浆。勇气使我们大胆地相信，我们不能静止不动，我们说，参加到我们每日所在、所到的地方，去创造一个和平组织，使充斥在那里的紧张而肮脏的空气渐渐净化。

不管风吹浪打，你可能会三年内没有朋友，被人摒弃是很难过的。孤独产生的效果就像你下到洞穴或是墓穴时似的，会产生耳鸣。可是，没有关系，我的朋友们，要继续前进。"

由于米斯特拉尔这声声划破夜空的呐喊，智利的《商报》剥夺了她撰稿人的资格。在米斯特拉尔去世时，这次智利最有权威的《商报》发表了悼念文章，被聂鲁达嘲笑为"流下了鳄鱼的眼泪"，因为米斯特拉尔在这之前曾为这次报纸撰稿长达29年之久。

1955年12月，加夫列拉·米斯特拉尔受联合国秘书长哈马舍尔德的邀请，出席联合国人权大会。那是一次庄严的大会，虽然米斯特拉尔已经年迈，但她还是鼓足了力气，用嘶哑的声音做了一次报告：

"八年来，一个声音降临到不同国家的人群中，这个声音就是今天我们强调的——人权。如果你们为了世上所有的民族都实实在在地享有宝贵的人权而做出努力，我将感到十分安慰。拥有人权将是我们赢得时代的最大胜利。"

当她看到南美政治生活中的残酷现实，她的心在颤抖：

"国家的武装力量——宪兵，压在作家、艺术家和学者的头上，试图支配他们，那么他们就无法使自己的精神作用延伸开来，直到国外。知识工作者面对人民的命运不能熟视无睹，不对因为无法表达他们的疑问与渴望熟视无睹；美洲的历史不过是世界的过去与现在的斗争，是寻求自由和精神的斗争。我们这一世纪不能从自由降格到奴隶制，要更好地为农民、工人、妇女和大学生服务，要教会他们当自由人，因为他们的尊严必须尊重。"

这几句话讲得铿锵有力。在智利民选总统萨尔瓦多·阿连德执政期间，在他的建议下，人们把这段话刻在学校正面的墙上。就像一把匕首，一支标枪，给屠夫们带来了无比的恐惧。

随着时间的流逝，她的名望也越来越高，到处有人请她去做报告，甚至做南美洲的巡回演说。只要她有力气，她都会鼓足勇气，趁机为印第安人，为广大劳苦大众，为世界和平做声嘶力竭的呐喊。她感觉，自己的时日不多了，为善良的人们做些事，为世界和平做些事，才是她最大的心愿。

第十章　曲终人去成追忆

1. 暮年归乡

　　1951年，米斯特拉尔获得了智利国家文学奖。而这个奖项，顾名思义是应当授予该国文学造诣与成就最高的人。但当时的智利总统冈萨雷斯·魏地拉却拒绝这项大奖给她，对于这位总统的做法，她的许多朋友为之愤愤不平。其中，玛蒂尔德·拉德龙在之前的六年中，每次给米斯特拉尔的信中都会谈及此事。米斯特拉尔在回信中说：

　　"你给我写的或长或短的每一封信中，都涉及国家文学奖这件事，你大概难以置信，我根本不想这件事情，也不在乎。我的朋友，我的退休金被伊巴涅斯砍去六年，可我还得过下去……我相信上帝是伟大的，他是被抛弃的人和被迫害的人的朋友，我活了下来……现在伊巴涅斯又返回了，他是智利化的象征，他重新夺去我生活的宁静，但是我也熬过来了，我去了美国，又去了欧洲，带回5000美金，这是我的全部工资……"

　　加夫列拉·米斯特拉尔在获得诺贝尔奖六年后，才得到智利国家文学奖，但她还是没有回国，因为这样的奖项同样会有欢迎会，会前呼后拥，她喜欢记忆中那个宁静的智利，何况，智利的政权又落回了卡洛斯·伊巴涅斯的手中，那个卡掉她的工资的独裁者，现在，他摇身一变，以民主阵线的总统身份卷土重来。米斯特拉尔对他没有一丁点的好感。

　　直到1954年，智利知识分子同盟的主席米莱娅·拉富恩特——早年米斯特拉尔在圣地亚哥任第六女子中学校长时，她在那所学校任美术教师，而那个同盟会是1938年，聂鲁达从西班牙回来时创办的，米莱娅以同盟会的名义向伊巴涅斯提出，让政府正式邀请米斯特拉尔到智利来。

可伊巴涅斯很有自知之明，她对米莱娅说："这个加夫列拉·米斯特拉尔不喜欢我，她不会回来的。"

"怎么会呢？我可从来没听到她反对您的言论啊？"

"我在第一次执政时，签署了一些文件，这些文件的内容是取消一切驻外人员的职务。于是，也取消了米斯特拉尔的工资。当然，等我知道米斯特拉尔的工资也被取消时，我就及时恢复了。但她可能一直误会我。"

伊巴涅斯作为总统，说出这些话的确有些让人感动，当米莱娅写信将此事告诉米斯特拉尔时，米斯特拉尔觉得无论如何，该回故国看一看了。这个总统的话当然不太可信，但起码这是一种态度，证明她在祖国人民的心目中还是有十足的威望的。何况，那种萦绕于心的乡情，让她一刻也不能耽搁了。

终于，米斯特拉尔回国了。

自从获诺贝尔文学奖以来，九年过去了。这个从小山村走出来的智利名人回来了。在圣地亚哥，有10万人涌上街头，他们与白杨树一同站满了圣地亚哥的阿拉梅达大街中段，智利政府为了大振声威，还派来了海陆空三军组成的三军仪仗队，检阅式进行了45分钟。英俊的智利小伙子们穿着威武的制服，旗手们高擎36面智利国旗从米斯特拉尔的身旁走过，十分卖力地表演。可眼前这位坐在有汽车队对她鸣笛开道的一辆敞篷的汽车上，头发灰白端庄大方的女士，心里却隐含忧愤，她从来不喜欢军事化，也一向反感吹嘘和浮夸。她是智利的女儿，但此时，却像个贵宾一样接受家乡人的欢迎。

车子从鲜花扎成的长廊下穿行而过，来到莫雷纳宫门前，伊巴涅斯总统笑容可掬地站在那里迎接她。她们礼貌地寒暄几句。她身着灰色的大衣，像一尊高贵的女神，缓缓地走过铺着厚实地毯的大厅，微昂着头，在达官贵人和他们的夫人的注视中，来到莫雷纳宫的阳台上。智利的外交部部长罗伯特·阿尔杜拉特向聚集在阳台下面的人群介绍：

"这位尊贵的女士就是加夫列拉·米斯特拉尔，相信，你们一定愿意听她讲话。"

米斯特拉尔首先向智利人民致以最崇高的敬意与问候。然后，她说这些年来，总也忘不了若干年前，从圣地亚哥投来的那些敌视的目光，以至于这些年来远离祖国，自我放逐。但她爱她的祖国，关注祖国的人民。然后，她的话锋一转："我代表土地的受益者，感谢智利实行了土改，使耕者有其田，在智利的历史上，第一次，让无名小卒有了土地，并从这块土地上，他们有了发言权。"

米斯特拉尔身旁的总统伊巴涅斯，听完这一番话后，脸红一阵，白一阵，智利哪里进行了土改？他是位将军，也是利纳雷斯省的一个大地主。他不明白，这个享有殊荣的老太太，是老糊涂了，还是故意在人前出他的丑。

不是的，米斯特拉尔对自己说出的话很清楚，她也知道，智利根本没有土改。她只是以她的方式希望智利政府能把土地分耕给劳动人民，让广大的智利农民"耕者有其田"。但此时，她就这样说了，除了当权者脸红之外，谁又能把她如何呢？

她的回国引起了全国性的热潮，她坐着汽车在全国奔波。9月10日，在智利大学的荣誉厅，她被授以"荣誉博士"的称号。但米斯特拉尔对这个称谓却不以为然，她没有感谢在场的总统及部长们，而是向现场的政府官员提问：矿工的权益是否恢复？没有回答，一片寂静。接着，她又开始提到从未进行过的土改。她"糊涂"到底，她要把"土改"问题根植于政府首脑的心。

经过那些会面、演说、拍照之后，米斯特拉尔终于可以回到她魂牵梦萦的蒙特格兰德了。她与一群披着黑头巾，差不多都没了牙的老太太聚集在村中心的广场上，她们都是姐姐艾梅丽娜的学生。她们几乎认不出当年的小卢西拉了，无论是身材、声音还是走路的步伐。但她们还是认出了那双眼睛，一双阅尽人生艰难却依旧明亮的眼睛。她们喝着用葫芦装着的马黛茶，回忆起小小童年的种种往事，说个不停。有人给这群老太太们拍了一张照片，照片上的她们个个手捧马黛壶，银制的嵌口和吸管闪闪发光。

米斯特拉尔来到了姐姐教书的学校——坎特尔。那里的土坯房依然屹立在原有的石基和土墙上，经受着时代风雨的洗礼。讲台上，好像还残留着刚刚过世不久的姐姐的温度，米斯特拉尔流泪了。在她的余生，还能回到姐姐工作的地方，还能回到从小生活过的地方，还能吃上故乡的玉米饼和甜甜的葡萄，她死而无憾了。

米斯特拉尔笔耕不辍，但却谨慎出书。她对自己要求很严格，认为不满意的作品从不轻易发表。她把出版当作一种神圣的责任，她认为出一本好书是一种极大的快乐，而出一本坏书无异于一场灾难。她每天动手写作，并不是为了发表，而是为了练笔。她曾对一位朋友说过：她一生只要出三本真正的书就够了。而她目前已经出了三本了。但此时，在家乡，她来到葡萄园中，看农民们采摘葡萄后，用压榨机取得葡萄汁，然后制成艾尔基山谷令人陶醉的葡萄酒。她从这一过程得到启示，便把第四部诗集命名为《葡萄压榨机》。这是诗人在世的最后一本诗集，也是她第一次在故国出版的自己的书。这本书是在圣地亚哥的太平洋出版社出版的，从这本书中，看她的思想境界较前三部更为开阔，对祖国、对人民、对劳苦大众表达了浑厚的情感，标志着她的创作达到了更新的高度。

《葡萄压榨机》按题材分为"疯狂的女人"、"大自然"、"狂言"、"战争"、"小玩意"、"哀悼"、"夜歌"、"宗教"、"流浪"、"时间"、"短信"等部分。这部书中，有她为英英写的周年祭，还有残酷的第二次世界大战。汇集了诗人晚年的部分诗作，共约七十首。从诗歌的格调中，反映了米斯特拉尔的晚年积极投身世界和平运动，热情为妇女和儿童事业奔走，在外交活动中不向帝国主义政策妥协等思想情感。表现了她旗帜鲜明地同劳动人民站在一起，如歌颂劳动和劳动者的《工人的手》，憎恨剥削者、同情织布工的《织布机的主人》，满怀希望、憧憬美好未来的《黎明》，赞扬美好事物、抒发心中的感受的《泉》和《乌拉圭小麦》等。

这些优秀的诗篇表明诗人已经摆脱了那种缠绵悱恻、悲哀伤感的个人感情的束缚，禁锢的思想解放了，被情爱束缚的胸襟开阔了，曾影响着她的超现实主义消极诗风也不见了。她就像劳动人民的一员，朴实而快乐地站在人民中间。用聂鲁达的评论说：她是"智利的女儿，她属于人民"。这部诗集与《塔拉》一样，很多诗不讲求韵律，节奏明快，语言具有大众特点，深受广大群众喜爱。

2. 最后的日子

从故国归来，米斯特拉尔没有回到她钟爱的意大利，而是来到了她的女秘书多丽丝·达那位于纽约的家。这是一座远离市区的别墅，环境清雅，绿树婆娑。之所以选择这里，一是方便女秘书照顾她，二是她不想死在曾经战火弥漫的欧洲。

此时，她继续她的外交官生涯，并且坚持整理一部《智利散文集》。

这次归乡，给她带来了太多的灵感，她要将对故土的那种依恋永远铭刻。她还想为《葡萄压榨机》补充第二部分。

但多种疾病折磨着她的身体，在一次南美巡回演说中，她昏迷长达3个小时，当用针剂使她苏醒过来时，连给她治疗的美国医生都绝望了。米斯特拉尔却带着黑色的幽默嘲弄自己不堪一击的身体："我已经死了，只是没被埋葬而已。"

晚年的米斯特拉尔特别怀旧，她思念艾尔基山谷，所以，就常常到菜市场去闻一闻水果的芬芳。但她经常会迷路，可能是被那香味熏晕，也可能她的思绪又不知飘向何方。所以，聪明的多丽丝·达那就在她的衣服上拴一只蓝色的气球，这样，老远就能从拥挤的人群中找到她。

1956年11月，当她得知好友胡安·拉蒙·西梅内斯获得诺贝尔文学奖时，她露出了欣慰的笑容。但多丽丝·达那没有将塞诺维亚的死告诉她，她怕她禁受不住任何打击。

但只过了不到两个月，1957年1月3日，她的病情却突然恶化，她被送到亨普斯特德总医院。当时，智利驻联合国代表翁伯特·迪亚斯·卡萨诺瓦还有智利诗人曼努埃尔·德尔·巴列还在美国。他们得知消息后一道去医院探望。当时，米斯特拉尔已经失去了意识。一个不知哪个媒体的女人正在忙不迭地摄录她的终极时刻。这让翁伯特大为恼火，他怒气冲冲地把那个女人赶走，重重地把门关上，不许任何人入室打扰。

1月10日，加夫列拉·米斯特拉尔停止了呼吸，死于胰腺癌，享年67岁。

据医生说，当时她没有遭受多少痛苦，意识清醒时还与医生聊天，说自己曾到处生活，一直都很孤独。她说她惦记着智利人民，惦记着分布在世界各地的读者。

米斯特拉尔是坦然面对死亡的。她认为死是生的另一种形式，一切事物都有生有死，连大海都会死亡。

米斯特拉尔去了，去了那个无花无果没有茉莉花香的世界，此时，不知她能否见到那些故去的亲人与友人。

当翁伯特看到米斯特拉尔的遗体时，发现一向素面朝天的她嘴唇被抹成红色。她永远难忘她与杜鲁门总统会面时的情景，素面、沉稳，端庄大方，于是，他不顾其他人的劝阻和责备，掏出自己的手帕，含着泪，擦去了她冰冷的嘴唇上那鲜艳的红色，庄重地深鞠一礼。

翁伯特与诗人曼努埃尔·德尔·巴列献给米斯特拉尔的不是鲜花，而是一把朴实而饱满的麦穗。

她的遗体被送进了停尸房，那里有各种各样的死者，各种各样的故事。

为米斯特拉尔守灵的，还有华金·马利坦，维多利娅·奥坎波，赫尔曼·阿尔西涅加以及在美国的一些智利朋友。

按照米斯特拉尔的生前遗愿，她的遗体将被安葬在蒙特格兰德。

于是，她的尸体被喷上了消毒水、除臭剂和香精。

1月19日，一架美国军用飞机将米斯特拉尔的遗体运送到秘鲁首都利马，另一架飞机在利马接续运回圣地亚哥。她飞过了大海和安第斯山的上空，实现了回家的梦想。

3. 曲终人去

智利举行了全国性的哀悼活动，50万人前来与她的遗体告别。她的遗体停放在智利大学总部大楼的大厅里，周围摆满了美丽的花环。米斯特拉尔安详地闭着眼睛，像睡着了一样。这个一生都素面朝天的女人，此刻，化着好看的妆容与她深爱的祖国人民诀别。致哀的队伍一直排到楼外大街，又拐到岔路上。前来看望米斯特拉尔的有很多穷苦的人，其中有明显带着马普切人特征的农民。他们静悄悄地走来，看一眼关心他们命运的伟大女诗人，直至夜幕降临，人们还在不断地涌来，1月的圣地亚哥正值盛夏，那些离了根茎的鲜花散出了腐败的酸味，人们就自觉地采来美丽的鲜花重新围绕在米斯特拉尔的身旁，他们泪眼相望或低声啜泣……

英国小说家普里斯特利不无酸楚地说："智利是一个比英国人文明得多的国家，在这里死去一个诗人只会有几个人知道，可是在那里，整个民族都会为她哭泣……。"

不管这样的话含有多少夸张的成分，但米斯特拉尔所代表的，不仅仅是一个诗人、一个"拉美文学皇后"，虽然她的诗让人们认识了她，但她绝不仅仅是一首诗。

米斯特拉尔被安葬在蒙特格兰德，这个一生"流浪"的女诗人，终于停下了前行的脚步，永远地安息了。一块木牌上刻下了她的遗嘱中的一句话："这是我的意愿，将我的遗体埋葬在我亲家的故乡，智利艾尔基山谷的蒙特格兰德。"

她遗嘱中，把诺贝尔金质奖章和羊皮纸的奖状留给了智利人民；在版权问题上，在南美洲售书的部分赠给蒙特格兰德的贫困儿童，其他世界各地的售书部分赠给女秘书帕尔玛·纪廉和多丽丝·达那，但她们拒绝了，仍然把全部费用都赠给智利的贫困儿童。她们知道，如果米斯特拉尔灵魂有知，一定会为这个拒绝欣慰的。

为了告慰逝者，抚慰思念她的智利人民，米斯特拉尔去世不久，圣地亚哥太平洋出版社、阿尔丰索·埃斯库多出版社联合出版了米斯特拉尔曾在病榻上加工润色的"智利散文集"，取名《唱给智利的歌》。

　　1958年，西班牙马德里为了纪念米斯特拉尔去世一周年，出版了《米斯特拉尔诗歌全集》，之后，一直到1979年，米斯特拉尔的很多手稿都整理出版，包括很多不为人知的书信集。这些往来书信中，包含了许多世界名人，早期的有美洲最负盛名的诗人卢文·达里奥，后来有墨西哥作家亚马多·内尔沃、阿根廷女作家维多利亚·奥坎博、犹太作家胡安·拉蒙·西梅内斯、还有法国文学家罗曼·罗兰、德国作家托马斯·曼，美国诗人托马斯·艾略特，还有曾任智利总统的知己好友佩德罗·阿吉雷·塞尔达以及日后的总统爱德华多·弗雷·蒙塔尔沃等等。还有大量的家书，米斯特拉尔与姐姐艾梅丽娜感情深厚，她与姐姐通信一直到姐姐故去，从未中断。这些保存完好的信件不仅数量大，而且质量高，有特色，让人惊叹。

　　从她伟大的爱情诗中，我们看到的是一位沉迷于爱情忧郁而多情的女诗人；而从她贯穿当代政坛及外交领域的生涯中，我们看到的是一位叱咤风云的外交家，她极其丰富的阅历像一部美丽的神话，把一位身高1.75米的智利女人像一株被血染红的百合花——"戈比爱"，牢牢地根植于那片狭长的土地，带着平凡、倔强与神奇，与智利同辉。

4. 追忆

　　米斯特拉尔不是当今商品社会中，锋芒毕露的作家，她毫无因成绩斐然而骄奢傲慢的名人派头，她真实地做她自己，坦诚直率，表里如一。为了这种坦诚，她曾经付出过昂贵的代价。对于她反思后认可的批评，她坦率地承认，并严格加以改正；对于那些无端的诽谤、谩骂，她会与平常女人一样，会记仇、会愤怒，而且很强烈。米斯特拉尔生前为自己写好了墓志铭：我不会沉默，不会忘记，不会原谅。虽然这几句话最终没有刻在她的墓碑上，却也与她的作品一样，众口相传。

然而，提到米斯特拉尔，人们还是会想到那些如火山爆发般炽热的爱情诗，仿佛是一个痛苦、忧郁的单身女人形象；她的精神、她为民众的呐喊，她为妇女儿童所做的一切，都鲜为人知。这样的情形，对米斯特拉尔不公平，好像抽去了她作为人的精髓，她像个苦行僧一样奔走相告，用一双脚一支笔，把人权、和平、平等、反歧视、反法西斯等等进步思想传遍欧美，她是名副其实的高高大大。

曾有不同的声音困扰着她的生活，发出那些声音的人可曾想过：

她的童年经历了常人难以想象的不幸，以至于她一生孤独；因为家庭贫困，她的启蒙老师实际上是一本厚厚的《圣经》，以致于她的行文总是带有神秘的宗教色彩；她直来直去，为了印第安人、为了广大的劳动人民不计个人荣辱而开罪当权者，以至于遭受谩骂和冷遇；她没有生育，但她也是女人，也有做母亲的渴望，于是，她以母亲的感受写下如亲历般详尽描绘婴孩儿从孕育、分娩、成长的诗歌，只能说明诗歌就是她的孩子，何故因此嘲笑讽刺她而伤一位母亲的心呢？

她走了，带着对智利人民的爱与不舍，带着对和平的牵挂与祝福。很多人怀念她。然而怀念一个人的方式就是看一看她的墓碑，记住她的名字，让她不再孤独。

米斯特拉尔曾经说过：死者的墓穴比活着的人的血肉之躯更有震慑力。

1964年，巴勃罗·聂鲁达去米斯特拉尔的墓前祭拜，那荒凉的景象让他感到彻骨的痛。一股愤怒烧灼了他的心：

"我要讲一讲几天前，我到过女诗人遗体长眠的地方，那座坟墓完全被人遗忘了。

"是我遵循她的遗愿在蒙特格兰德选中的一块地方，以便让她安息。

"加夫列拉·米斯特拉尔曾经在很多地方生活过，在意大利、巴西、西班牙、美国。在智利国内，她曾生活在北方的沙漠阿塔卡玛，在孤寂的巴塔哥尼亚。可是在她的遗嘱中说她要安息在她的村庄，在蒙特格兰德。我实现了她的愿望，找到了一隅之地，我和一些作家一道，把这块土地交给了政府。作家们为她置办了一大块石碑，国家为她安葬。但是现在，人们把她丢弃在那不管了。

"于是她，我那个不停流浪的伙伴，就安息在这片干旱的土地上了。那里从来不下雨，高山耸立，好像大地生长出来的手。除了巨大多刺的仙人掌，那里什么植物都不生长。

"可是山下的艾尔基河割开了石头，在两山相接的地方流淌。落光了树叶的白杨与无花果树好像赤裸的士兵，站立在涓涓细流旁。从墓地朝那座高峰远眺，好像既看不到动物也看不到人，只看见仙人掌的刺，金属般的山，巨大的石头或灰或绿，严峻的蓝天，从来见不到白云。这种孤独压抑着个把的过客，可就是这种孤独与加夫列拉·米斯特拉尔日日为伴。

"若不是那墓的贫困寒酸，它兴许是伟大的。但那里没有一朵花，也没有给孤独的过客留下一个可以歇脚的地方。什么都没有，只有那块被人遗忘的石头，上面铭刻着她的名字。到这里来的有学校的孩子们，他们唱着她的歌,看着她在长眠中被人们完全遗忘。"

聂鲁达的话催人泪下,她的诗还在,怎么就在短短的数年间被人遗忘了呢?

于是,更多像聂鲁达一样的人出现了,他们在一次次的追忆中让米斯特拉尔又重回人间。米斯特拉尔的女友伊索丽娜·巴雷拉说女诗人生前喜欢蒙特格兰德的一座教士峰,与其为她开纪念会,不如送她一座山峰。于是,一位叫何塞·恰波奇尼克的诗人,他向国内各界人士发出1600封信,要求大家团结一致,打败"遗忘"这个恶魔,他和许多作家共同努力,终于为米斯特拉尔争得了那座她最爱的教士峰。在1991年4月7日,米斯特拉尔诞辰102周年时,蒙特格兰德有一座巍峨高大的教士峰正式更名为"加夫列拉·米斯特拉尔峰",米斯特拉尔的名字印在了永恒的地图上。

于是,一个历经坎坷的伟大诗人,终化做山峰得以永恒。

她从山中涩涩地走来,又悄悄地回山中去,67年的人生一途,留下了一程辛酸一程精彩,人生千里长路,她没有伉俪情深,没有一程爱恋,永恒的爱情诗作描绘的只是她曾经的渴望,她带着渴望入梦,但愿那个死亡的国度里她会与那个蓄着美髯的曼努艾尔·麦哲伦相逢,一如从前一样,倾诉。

附

录

米斯特拉尔生平

加夫列拉·米斯特拉尔（1889年4月7日—1957年1月10日），原名卢西拉·戈多伊·阿尔卡亚加，生于南美洲智利北部的阿尔基山谷。

米斯特拉尔的童年充满艰辛和坎坷。三岁时父亲离家出走，七岁时遭受强暴，后来，还被女校长诬陷为小偷，身心受到了极大的伤害。

受《圣经》的影响，她开始自学写诗。9岁时就能即兴赋诗，14岁开始发表诗作。1905年，家庭的经济负担落在她的肩上，她开始在山村小学做助理教师。后来又调到拉坎特拉附近的另一所学校做助教，一直到1907年。

1906年，她与一个铁路职员罗梅里奥恋爱，不久，罗梅里奥"和别的女人走了"，并于1909年11月自杀身亡，米斯特拉尔把对死者的怀念汇集成她初期创作的题材，作品充满哀伤的情调。

1914年米斯特拉尔参加了圣地亚哥花奖赛诗会，以三首《死的十四行诗》荣获头奖，从此便踏上了鲜花和荣誉铺成的道路。

1918至1922年，米斯特拉尔一直辗转于智利的各个学校，从事教员、校长等教育工作。

1922年应邀参与墨西哥的教育改革。同年出版第一部诗集《绝望》，诗集的出版使她一举成名。1924年又出版诗集《柔情》，以清丽的形式表现了深邃的内心世界，歌唱母亲和儿童，格调清新，内容健康，语言质朴。

同年，她回国接受了硕士学位和最高退休金，同时又被政府任命为驻外代表，先后到意大利、西班牙、葡萄牙、比利时和美国做领事，一直从事外交工作。

在第二次世界大战政治气氛的影响下，米斯特拉尔的诗作超越了情爱和母爱的一般境界，而达到深刻的人道主义高度。1938年，她发表第三部诗集《塔拉》，作品由个人的叹惋和沉思转向博爱和人道主义，为穷苦的妇女祈求怜悯，为受压迫被遗弃的人们鸣不平。

1945年因"她那富于强烈感情的抒情诗，使她的名字成了整个拉丁美洲理想的象征"，她成为拉丁美洲第一位获得诺贝尔文学奖的诗人。

1954年，诗人的最后一本诗集《葡萄压榨机》出版。她的思想境界较前更为开阔，对祖国、对人民、对劳苦大众表达了浑厚的情感，标志着她的创作达到了新的高度。她在诗中谴责纳粹暴行，呼吁全世界的和平，表达了对祖国和人民的热爱。

1957年1月10日，诗人病死于美国纽约。

获奖辞

尊敬的女士们、先生们：

今天，瑞典这块热情的圣土关注一位遥远的拉美国家，把荣誉授给拉美文化界许多代表中的一位，我对此感到无上的光荣。艾弗雷德·诺贝尔的世界主义精神已将其对文化的保护和促进的范围扩大到美洲大陆的南半部，这是一件令人高兴的事。作为民主智利的女儿，我为能坐在具有民主传统的瑞典代表们中间而感到十分荣幸。瑞典传统的独创性在于不断地更新自身。一方面保护传统的精华不受损害，另一方面又使传统摆脱陈旧观念的束缚；一方面适应当前的现实，另一方面又预见其未来。使社会永远处在不断前进、不断创造的境界之中。这就是我们所说的瑞典精神，它是欧洲的光荣，又是美洲大陆令人鼓舞的榜样。

作为一个新兴民族的女儿，我向瑞典精神的开拓者们致敬，我曾不止一次地从他们那里得到教益。我不会忘记那些曾为自己的国家和民族精神做出贡献的瑞典科学家，也不会忘记向外国人介绍各种无可争议的、值得效法的学派的大批学者和教授，我向瑞典的工人、农民和手工艺者致以深切的问候，并期待他们做出更大的成绩。

现在，由于侥幸的成功，我成了我国诗人的代表，成了西班牙语和葡萄牙语的人民的间接代表。无论作为哪一种代表，我都为能应邀参加拥有数百年民间创作和诗歌传统的北欧人民的这一喜庆节日而感到非常高兴。

愿上帝保佑这一模范的民族，保佑它的传统和创造，保佑它以一往无前的大无畏精神为保存历史精华和走向未来而做的种种努力。

我的祖国（今天在此由我们博学的卡哈尔多部长代表）尊敬瑞典人民，热爱瑞典人民，她派我到这里接受你们所赋予她的特殊荣誉。智利将把你们这种慷慨授予永远珍藏在最美好的记忆中。

获奖时代背景

拉丁美洲包括北美的墨西哥、中美洲、西印度群岛和南美洲的整个地区。这一命名取决于该地区政治、经济、文化等因素长期历史发展的共同性。16世纪以来，西班牙、葡萄牙和法国作为这个地区的宗主国所使用的语言都属于拉丁语系，法国人米歇尔·舍瓦利最早启用了"拉丁美洲"这一名称，以此说明拉丁美洲文化的拉丁语和天主教背景。

1856年，哥伦比亚诗人首次提出"两个美洲"，从此，拉丁美洲作为一个独立鲜明的文化实体，开始了它的历史使命。

拉丁美洲的国家中，使用西班牙语的大部分地区，称为"西班牙语美洲"，米斯特拉尔生活的智利即属于"西班牙语美洲"的部分。

19世纪后，随着民族独立战争席卷了整个拉丁美洲大陆，欧洲的文化思想也传入拉美，在智利的圣地亚哥，西班牙语的古典主义文化与法国浪漫主义文化相互冲击并成长。于是，大批的诗人、小说家应运而生。

进入20年世纪后，拉丁美洲的文学以非凡的气势迅速走向世界，大批优秀作家、作品涌现，震惊了世界文坛，受到广泛赞誉。米斯特拉尔就是在这一时期脱颖而出，在1945年获得了诺贝尔文学奖。此后的40年间，又有五人获得了该项殊荣。

遭受过许多创伤的米斯特拉尔，有太多悲苦的记忆：早期常用的笔名是："某人"、"未名"、"孤独"、"灵魂"等，这些名字，泄露了少年诗人内心深处的伤痕。

1922年，应墨西哥教育部长邀请，米斯特拉尔前往墨西哥进行教育改革，她的生活环境与职业经历发生了变化，她中后期创作的诗歌和散文诗表现了对母爱、大自然的礼赞和对人类的爱。

这些作品中，早期爱情诗歌中的激愤消逝了，代之而起的是舒展、平和的柔情。从深挚而"绝望"的爱情中走出来的米斯特拉尔，把心中那份不能实现的浓烈爱情转移到另外的情感疆域。积蓄于内心的感情能量，超越了男女情爱，转向母爱与博爱，为穷苦的妇女和孤儿鸣不平。

在第二次世界大战政治气氛的影响下，米斯特拉尔的诗作超越了情爱和母爱的一般境界，变得更广阔、更宽展。

米斯特拉尔年表

1889年4月7日，卢西拉·戈多伊·阿尔卡亚迦（加夫列拉·米斯特拉尔）出生在智利艾尔基山谷。

1901年，开始在拉塞雷纳的报刊上发表文章与诗作，署名"某人"、"孤独"等。

1905-1906年，任乡村小学教师，并与铁路职员罗梅里奥相恋。

1907年，在《艾尔基之声》和《改革报》等杂志上发表诗歌。

1908年，《科金波文学》收入卢西拉的三首散文诗。

1909年，恋人罗梅里奥自杀。

1910年，通过圣地亚哥师范学校的考试获得正式教师的资格。

1911年，被任命为特莱伊根学校教员。

1912年，到安托法加斯塔女子学校任历史教员和总视察员。并开始用"加夫列拉·米斯特拉尔"这个笔名，延用一生。

7月，被派往安第斯城学校任教，并结识了佩德罗·阿吉雷·塞尔达（后来当选为总统），成为她一生的"保护神"。

1914年12月12日，她以三首《死的十四行诗》在圣地亚哥赛诗会上获得金质奖章。并与诗人曼努埃尔·麦哲伦互致爱情书简，直至1921年。

1915年，他的父亲胡安·赫罗尼莫病死他乡。

1917年，《阅读课本》收入她的55首诗歌。

1918年，她被任命为彭塔阿雷纳斯市的学校校长，直到1920年。

1920年，她被任命为特木科市女子学校校长，在那里结识了少年时代的聂鲁达。

1921年，被任命为首教圣地亚哥第六女子学校校长。

1922年，应墨西哥教育部长何塞·瓦斯贡塞罗之邀，前往墨西哥参加教育改革。诗集《绝望》在纽约出版。

1923年，墨西哥出版由她选编的《妇女读本》，首发量为两万册。

1924年，圆满完成在墨西哥的教育任务后，开始出访欧洲，并在美国举行讲座。

同年，第二部诗集《柔情》在西班牙马德里出版。

1925年，游历巴西、乌拉圭、阿根廷等国后短期回到智利，办理退休等手续。

1926年，领养侄儿胡安·米盖尔·戈多伊，先后住在法国、意大利。

1929年，母亲佩德罗尼拉·阿尔卡亚迦去世。

1931年，曾短暂回智利，访问许多美洲国家，并在巴拿马获得"金兰花"。

1932年，被派热那亚任领事，之后任危地马拉领事。

1933-1935年,任驻西班牙马德里领事。

1935年，智利政府任命她为终身领事，驻地由她任选。

1935-1937年，任驻葡萄牙领事。

1938年，任驻法国尼萨领事。第三部诗集《塔拉》在布宜诺斯艾利斯出版，她将版权赠给西班牙内战中的孤儿。此间，在巴黎各国联盟工作。

1940-1941年，任驻巴西领事。

1942年，她的朋友——奥地利犹太作家茨威格及夫人自杀身亡。

1943年，侄儿胡安·米盖尔·戈多伊自杀离世，接连的打击给她带来了巨大的痛苦。

1945年，获诺贝尔文学奖，同年，为联合国儿童基金会写了一份题为《为了儿童》的号召书，广为散发，影响很大。

1948年，任驻墨西哥领事，婉拒墨西哥政府赠送她的一块土地。

1950年，任驻意大利那不勒斯领事。

1951年，获智利国家文学奖。

1953年，在美国迈阿密短暂停留后搬到纽约。

1954年，在智利圣地亚哥出版诗集《葡萄压榨机》。

1955年，出席联合国人权大会，智利政府发给她一笔特殊津贴。

1957年，1月10日，在纽约病逝，享年67岁。

获奖当年世界大事记

（1945年）

1945年，持续了6年的第二次世界大战虽已接近尾声，但世界的各个角落仍是硝烟弥漫。

2月，美、英、苏三国首脑在雅尔塔召开会议，会议的主要内容是：彻底消灭德国军国主义和法西斯主义、惩办战犯、实现战后民主化、在战后成立联合国、苏联在欧战结束三个月内参加对日作战等等。

4月，美苏军队会师。

4月12日，美国总统罗斯福因突发脑溢血而逝世。

4月28日，墨索里尼被处决。

4月30日，希特勒自杀身亡。

5月9日，德国正式签署无条件投降书。

7月，斯大林、杜鲁门、丘吉尔（后换为艾德礼）在德国的波茨坦会晤，重申了雅尔塔会议关于处理德国问题的精神。会议期间，以中、美、英三国的名义发表了促令日本无条件投降的波茨坦公告。

8月6日，美国投掷代号为"小男孩"的原子弹轰炸日本广岛。

8月8日，苏联对日宣战。

8月9日，美国投掷代号为"胖子"的原子弹轰炸日本长崎。

8月14日——《中苏友好同盟条约》签订。

8月15日，日本宣布无条件投降。

9月2日，日本政府签署无条件投降书。第二次世界大战宣告结束。